城市农场发展现状与趋势研究

钟春艳　张　斌　姜　鹏
吴思齐　王　植　姜翠红　编著

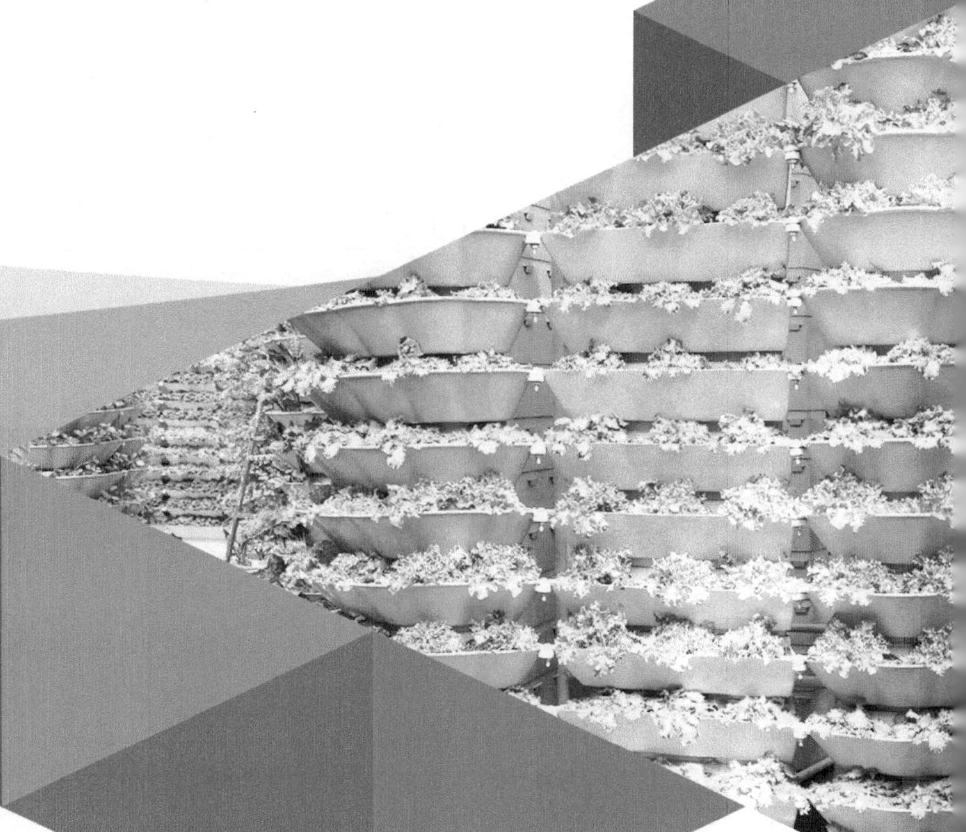

中国农业科学技术出版社

图书在版编目（CIP）数据

城市农场发展现状与趋势研究 / 钟春艳等编著. —北京：中国农业科学技术出版社，2020. 7

ISBN 978-7-5116-4839-6

Ⅰ. ①城… Ⅱ. ①钟… Ⅲ. ①都市农业—农场—产业发展—研究—北京 Ⅳ. ①F324.1

中国版本图书馆 CIP 数据核字（2020）第 116857 号

责任编辑 李 华 崔改泵
责任校对 李向荣
出 版 者 中国农业科学技术出版社
北京市中关村南大街12号 邮编：100081
电　　话 （010）82109708（编辑室）（010）82109702（发行部）
（010）82109709（读者服务部）
传　　真 （010）82106650
网　　址 http: // www.castp.cn
经 销 者 各地新华书店
印 刷 者 北京建宏印刷有限公司
开　　本 710mm × 1 000mm 1/16
印　　张 7
字　　数 86千字
版　　次 2020年7月第1版 2020年7月第1次印刷
定　　价 56.00元

前　言

城市农场是在城市区域，利用城市内的自然和空间，采用生态循环的生产方式，生产农产品，满足城市居民对健康农产品需求的一种农业生产新模式。城市农场为城市居民提供新鲜农产品，倡导在城市中解决市民粮食供应、资源优化等问题，使城市建筑空间从单一的生活功能，扩大至生产、生活、生态功能三者结合，将为城市发展带来巨大的经济效益、生态效益和社会效益。

欧美国家普遍重视城市农场的发展，笔者在柏林居住的两年间，被一个离住所很近的城市农场——柏林公主花园吸引，时常带孩子去那里认识各种蔬菜，观察蜜蜂采蜜筑巢，参加田园音乐会等。公主花园种有400余种蔬菜，全部种植在回收的塑料箱中，还有7个蜂箱，可以收获有机品质的蜂蜜，也能帮助农园完成授粉工作。6 000平方米的农园为附近居民提供了体验农耕、活动休憩、消磨时光的自然空间，让城市离田园生活更近。在那里，笔者逐渐对城市农场产生了浓厚的兴趣，也进行了一些思考。

鉴于国内城市农场的研究主要集中在建筑景观与城市农业结合、城市建筑与城市农场结合、垂直农场、国外城市农场介绍等方面，本研究主要从农业生产、经营角度，对城市农场的概念、模式、设计、推广以及经营进行系统研究和梳理。通过界定城市农场的概念，明确城市农场的重要作用；从农业角度系统梳理城市农场的种类和模式，确定各种模式适用条件和范围；总结城市农场所需相关技术与模式，明确其技术设计要点；通过总结适合北京的经营模式，论证北京发展城市农场可行性与对策，为推动北京城市农场的发展提供参考。

本研究主要创新点包括城市农场的概念、功能的界定；从生产技术整合与生态景观角度，探讨城市农场的规划设计要点；从区位、发展空间、技术支持、受众人口等方面分析北京发展城市农场的可行性、北京城市农场的模式，提出北京城市农场发展的对策。

本研究得到北京市农林科学院农业信息与经济研究所基金的支持。本书只是对城市农场的初步梳理与研究，一些内容还有待进一步深入。由于时间和水平限制，书中不妥之处在所难免，敬请读者批评指正，不胜感激。

编著者

2020年6月

目　录

第1章　绪　论

1.1　研究背景与意义

1.1.1　研究背景

人类文明发展史伴随着土地利用格局的巨大改变，从原始社会的自然生态系统到农耕文明的保障性农业和小规模农场，发展成如今的集约农业用地与城市建设用地并存、保护性土地初显。当人类用传统的方式发展农业生产时，由于对粮食的需求量增加，人类伸手向大自然索要更多新的土地，并在劳作过程中过度使用化学肥料。人类数千年对自然的索取与利用，使自然生态绿地在土地格局演变中几乎消耗殆尽，粮食安全、食品安全、生态环境等问题接踵而来。

进入20世纪，随着工业化和城镇化的迅猛发展，人类社会面临的资源和环境问题越加突出。不可逆转的城市化浪潮迫使农业与城市渐行渐远，城市周边耕地被大量占用，对粮食生产产生“挤出效应”，直接造成耕地面积减少、粮食供给能力减弱。从中华人民共和国成立至今，城镇化率从10.64%升至60.60%。一边是城市人口的增加，一边是耕地的消失，带来了严重的农产品供需矛盾，健康无污染的食材来源缺乏成为城市居民日常生活中日益严重的问题。城市与农业的分离，也造成城市对外地农产品需求量大增，致使食物里程加大，生产与消费脱节，还增加了运输能源的浪费，不利于低碳发展。人口的不断增长与大量耕地的侵占，使粮食生产面临着巨大的威胁。城市计划自主生产粮食等农产品无疑是未来发展最好的选择。

就城市环境而言，严重的热岛效应、雾霾、扬尘、高温等恶劣天气连连不断；城市物质和能量循环方面，城市只是一味地向自然界不断地索取却不完成其原有的自然循环体系，例如，人们将有机废水、废物不经过任何过滤处理直接流入自然生态环境，通过燃烧化石燃料得来的能量不能完全进行下一轮的生产加工，这不仅造成生态系统原有物质与能量的不平衡，而且对于自然资源的浪费将难以再恢复。当更多的人意识到农业生产与城市之间存在着相互作用的生态意义与经济效益的时候，农业（农场）回归城市的思想与试验不断开展。

城市不断蚕食占用大量农地，不断把田园风光的锦绣大地变为由钢筋、水泥、玻璃等现代工业材料广泛铺陈的城市空间。这种发展态势极大地摧毁了人类对于城乡一体化的美好想象。把农耕习作引入日常生活的理念，自古以来就是人类的梦想和实践。人们崇尚“采菊东篱下，悠然见南山”的田园生活，现代城市中高强度的生活节奏和高密度的建筑更驱使人们对自耕自作的渴求。20世纪90年代之后，我国城市住房进入了商品房时代，居民的产权和自治意识增强，居民将注意力放在家庭的小天地中，缺乏交集使邻里关系逐渐淡漠。将农业生产引入到城市中，市民不用离开城市就可以体验农耕劳作乐趣、享受田园生活，缓解工作和生活的压力，并收获自己劳动所得。同时，人们通过分享农业种植知识、技能和经验来进行交往，打破了人们不同年龄、阶层和性别差异的壁垒，并唤醒人们的协作意识。

在城市的发展史上，建筑学家、经济学家、哲学家、社会学家和生物学家们一直在通过对农场和城市食品配送的设计和研究，来寻求改善食品供应和城市社会的关系。1997年，国际现代建筑学会组织提出城市的规划建设要实现与自然生态系统的协调发展，这不是鼓励一切回到原始的农业状态，而是在城市建设的基础上，充分利用城市可塑造的空间，借助现有的科学技术，重新实现城市“低能耗、零里程、无废物”的农业生态发展模式。城市农场不仅从功能上突破农业生产的局限性，将城市居民的居住生活、工作、科研、教育及休闲娱乐融入其中，更是尝试利用现代技术，在能源消耗、城市废水废物等生态资源方面循环利用。因此，城市农场被越来越多的人们所了解，更在建筑界引起了诸多专家、学者、建筑师及学者们的广泛关注。

世界各国都在因地制宜积极探索和实践，创新城市农场发展模式，由于成本、技术及经营等问题，城市农场现阶段大多还处于理论探讨和试验示范阶段。我国城市农场的研究起步较晚，关于城市农场的研究大多停留在建筑领域上，对于国内城市农场发展缺乏从农业角度的科学系统梳理，使城市农场的发展没有得到足够的重视，特别是政府的推动。北京作为首都，都市农业发展一直走在全国的前列，那么从农业视角对城市农场在北京的发展进行研究，是刻不容缓的。

1.1.2 研究目的

城市农场作为城市绿化和农业相交叉的一种新型表现形式，以较高的民众参与度和独特的生产功能为特点，在我国还处于起步阶段。本研究将对城市农场进行初步探索，通过对城市农场功能、技术和规划设计的探究，对城市农场类型进行细致划分，对案例进行分析解读，探讨适合城市（特别是北京）建设的农场类型与模式。为今后城市利用可用空间和现代农业科学技术进行农业生产，以及为生态社区、生态城市提供新的发展思路，促进城市可持续发展。

1.1.3 研究意义

城市农场利用城市废弃闲置空间，发展城市“农业生产”，修复城市原有的生态环境，提供安全健康的绿色食物，创造农业经济效益和大量的就业机会，使粮食安全重新掌握在居民手中。同时，从我国现实情况来看，推行城市农场，在形成有地方特色城市景观的同时，也补偿了农业种植用地，并创造了经济价值。城市农场为城市节地提供了新思路。在城市农业化的技术正在趋于完善的今天，城市农场的价值与日俱增，在城市环境问题日益突出的今天，正在给城市农业化带来巨大的机遇。所以，发展城市农场，使城市建筑空间从单一的生活功能，扩大至生产、生活、生态功能三者的结合，满足城市居民对蔬菜等食品的需求，并且让城市居民最大限度接近自然，即是城市农场的最大意义所在。

1.1.3.1 生态意义

发展城市农场能提高城市食物自给率，缩短食物里程，从而减少包装和运输的资源消耗。通过回收雨水、处理中水灌溉、厨房垃圾堆肥等方式，城市农场能成为生态技术的应用载体，为创造新型的生态城市提供思路。农作物作为植物能够净化空气，涵养水源。城市农场能缓解雨水径流，截流60%～70%的天然降水，延缓降水进入城市下水系统的时间，从而减少城市下水系统的压力。建筑中的立面种植可以减少对建筑的热辐射，降低室温，延缓建筑的衰老，而社区中的鱼塘等水产养殖也能改善社区中的微气候。

城市农场的种植过程更加环保，使用自然堆肥减少或避免了化肥对土地以及水的污染。通过减少购物次数与交通消耗又降低了消费过程中的碳排放量。不同家庭从事的不同种植活动，保持了生物的多样化，避免了对土壤中某种微量元素消耗过多。

1.1.3.2 经济意义

土地资源紧缺是现如今全球面临的主要问题之一。中国更是耕地资源短缺的国家，用占世界7%的耕地养活了22%的人口，耕地资源紧缺压力可想而知。城市农场将释放大量的土地资源，可以有效解决由于过度开发而导致的土地短缺问题。中国现有的食品安全问题也日益突出，人们对加工食品产生了极大的不信任，也激发了人们对绿色健康食品的迫切需求，这为城市农场提供了发展空间和市场机遇。城市农场充分利用城市各种空间，最大限度地增加农业生产面积，提高城市本身的食物产量，有助于实现粮食的自给自足。种植的粮食和蔬菜能降低居民的生活成本，甚至成为部分低收入者的收入来源。美国农业部与大学合作的23个城市市民农园项目评估的经济效益显示，政府在城市农场上每投入1美元，就可以产生6美元的效益。另外，城市农场能够免于食品加工后长途的交通运输环节，采用先进的种植技术培育农作物的生长，居民可以随时吃到新鲜、安全、有机的蔬菜、水果以及其他肉类、蛋类等食品。

1.1.3.3 社会意义

在很多国家，城市农场的农业种植、农园养护增加了城市社会活动，这为居民提供了交往和合作的平台，为人们通过分享种植知识、技能和经验来进行交往创造了机会。同时，用一个公有的方式，在城市公共空间种植食物，打破了人们不同年龄、阶层和性别差异的壁垒，冲击了人们的“所有权”，并唤醒人们的协作意识。圣路易斯的一项研究发现，城市农场对不同种族和家庭之间的交流有促进意义。在魏春雨教授的都市绿岛设想中，在城市农场里呈现出一派和谐交往的景象：人们向农民讨教种植的经验，市民将自己的收获成果在服务亭里分享，孩子们在田埂上嬉戏打闹，老人们在一旁扭秧歌、打太极。虽然这些接触很短暂，但是在长期的积累后，能够形成彼此之间的信任以及归属感。

参与城市农场种植是一种健康的消遣和缓解压力的方式。通过劳作而保持一定的运动量，对于缓解肥胖和冠心病等健康问题是非常必要的。在佛罗里达大学进行的有关研究表明，“只是在粮食花园中走动，就降低了压力水平”。

1.1.3.4 推广发展意义

城市农场将农业的组织和布局方式引入到城市之中，将改变现有城市摊大饼式的盲目扩张方式，有利于城乡一体化发展。城市农场的建设目的在于使城市的农业、建筑、经济、环境等方面和谐发展。提倡城市农场的应用，从建筑、空间与农业相结合的功能上缓解地球资源紧张的同时，更加提高人们的生活品质，美化城市景观环境。城市农场的研究梳理，能够为城市建设发展提供一种新思路，为生态社区和生态城市规划建设创造新的规划和设计形式，同时，为政府发展城市农场提供基础资料和理论依据。

1.2 文献综述

较之国内，城市农场在国外的发展更为成熟，在理论和实践方面都取得了较为丰富的成果。而国内对城市农场的研究较少，对城市农场的认识不足且对农业引入城市的意义和方法缺少系统的思考。目前对城市农场的研究大都以新闻介绍和报道形式出现，尚未形成统一的理论系统。

欧洲各国及北美等地区的建筑设计师开始在设计领域探索城市农场方面的可能性。早在1898年，英国的霍华德出版了《明日的田园城市》一书，提出在“田园城市”中有充足的环城及城内农业种植，每个城镇有5/6的集中农业面积用于食物生产。1931年，美国的赖特发表著作《消失的城市》（Disappearing city）提出，每个公民将在方圆16～32平方千米的家园上享有生产、分配及自我改善和享受的各种条件和机会。与赖特同一时代的法国建筑师勒·柯布西耶质疑霍华德的水平花园城市，并针对性地提出了自己的垂直花园城市理论。在《明日之城市》“关于田园城市”标题下，他说明了400平方米地块传统水平向处理的不足，并提出由100平方米居住单元与50平方米悬挑花园的三层独栋小楼组成的“蜂窝式”花园新城，为每个地块安排的150平方米的农作物种植与150平方米的运动场地，也可以采取邻里合作，形成规模效应。

从20世纪60年代开始，以屋顶花园、市民农园为主要形式的城市农场在欧洲各国广泛开展，特别是德国和瑞士，出台了相应的政策扶持，到20世纪末已经逐渐成为一项产业。

国外学者普遍认为围绕城市进行农业生产是未来农业发展的必由之路，也是缓解目前城市生态恶化、食物里程过长、土地资源短缺等问题的有效措施。1996年Smit出版《城市农业：食物、工作和可持续城市》一书首次将农业、食物与城市联系在一起。1996年，劳伦斯·约瑟夫的《都市农业：屋顶花园的可能性》提出了在屋顶花园进行农业种植的可能性。而后，詹姆斯·佩特在《表皮农业建筑——优势、机遇、挑战》中，提出表皮农业建筑的概念，即利用建筑垂直方向上的空间、阳台、屋顶、墙体和房前屋后的小型绿地进行农作。1999年，美国哥伦比亚大学迪克森·德斯波米尔教授提出垂直农场的概念，成为城市农业与建筑单体结合的理论突破，并于2003年出版《垂直农场——养育21世纪地球》一书。据他推算，如果有160座30层高的垂直农场，就能为纽约提供全年的粮食，并且不受气候影响。2005年，英国建筑学者卡特琳·波尔和安德烈·维翁出版了《连贯式生产性景观》（CPULs），以城市景观角度将都市农业纳入城市设计。2007年，美国哥伦比亚大学教授德斯波米尔提出了超级农业摩天大厦的设想，计划采用太阳能和风能发电，经估算，占地0.02平方千米的该大厦生产的农产品，相当于户外9.6平方千米耕地的产量。2009年，安德雷斯·杜安尼提出的农业城市主义理论是将食物的生产融入到城市规划中去，以农业为导向进行社区规划，以此来对抗当前城市所面临的生态环境问题。同年，美国爱荷华州立大学景观建筑学院副教授瓦格纳和詹森·格林姆以CPULs为基础开展了食物城市主义的研究。这些新出现的直接针对城市农场的理论推动着城市进行农业生产的实践。

国内关于城市农场的研究处于起步阶段。2005年中国科学院地理科学与资源研究所蔡建明等翻译了巴克等编著的《增长的城市、增长的食物》一书，同年北京工业出版社出版了《都市农业与可持续发展》一书。后上海财经大学出版社也出版了《城市化与都市农业发展》《都市农业发展报告》等都市农业相关书籍。学者开始研究将农业生产引入到城市中来。

当前在园林景观设计这一综合性领域中，以北京大学俞孔坚教授为代表的团队，在城市中进行了一系列的城市农场的探索与设计实践。2002年，俞孔坚将水稻田引入沈阳建筑大学，成为我国将农业生产纳入城市公共空间的创新之作。2005年由俞孔坚、刘向军、李鸿著的《田——人民景观叙事南北案例》收录了俞孔坚教授及其团队的4个设计案例。设计师用设计的语言将对“田”的不同解读表达出来。书中强调生产性景观在中国实践包含了对于场地历史记忆的保存以及可持续发展的双重意义。2009年在北京褐石公寓进行的阳台花园改造，是实现低性能住宅建筑向绿色建筑转化的试验性建筑改造项目。2010年由俞孔坚教授主编的《景观设计学》，第一次在设计领域明确地对城市农业进行介绍，由此而引发了国内城市景观设计领域对农业生产景观深入的探讨。

近几年，天津大学张玉坤教授对都市农业引入城市规划与建筑方面进行研究，带领课题组开展了有关都市农业与中国生态节地策略、可食景观、垂直农场等方面的研究工作，且已取得了阶段性成果。其中2010年发表硕士学位论文3篇：《都市农业与中国城市生态节地策略》（孙艺冰）、《垂直农业初探》（刘烨）、《给养城市——可食城市与产出式景观思想策略初探》（崔璨）；2011年发表硕士学位论文2篇：《建筑与农业一体化研究》（季欣）、《社区农业与生态住区建设》（牛晓菲）；并发表期刊及会议论文数篇：《国外的“都市农业”与中国城市生态节地策略》《Ecological Agriculture Technology in Urban Agriculture》《城市中心“农业生态建筑”解读》《都市农业在建筑上的应用》《屋顶农园》《食品安全和低碳生活——垂直农业代替立体绿化》《垂直农业构筑城市可持续发展》《都市农业——在城市层面实践“永续农业”思想》等。

1.3 城市农场概念、研究内容与方法

1.3.1 城市农场概念

城市农场是从事现代农业生产的单位、个人、组织或企业，充分利用城市内的自然和空间，采用生态循环的生产方式，在城市区域最大化地创造单位农产品产量，满足城市居民对健康农产品需求而产生的一种新的农业生产模式。城市农场以现代种植、养殖技术为依托，利用现代经营和管理模式，为城市居民提供新鲜农产品。

城市农场包括3层内涵：一是必须坐落在城市市区范围内，充分利用城市中闲置的空间，例如利用废弃工厂、建筑物屋顶等空间进行农业生产，不占用城市建设用地；区别于郊区农场占用大片

土地。二是城市农场具有生产功能，采用现代的种养技术，可以在环境污染日益严重的今天使人们方便快捷地品尝到无污染的绿色食品。三是城市农场是融合零售、交通、能源和水源的农业劳作场所，居民可以在其中自行种植、自由管理。这样把工作、生活、农业种植等融合在一起，使人们能感受到回归自然、自给自足的乐趣，无形中提高了人们的生活品质。

城市农场具有以下功能。

1.3.1.1 生产功能

城市农场倡导在城市中探索新型农业生产模式以解决城市中粮食供应、资源优化与人类生存之间的矛盾和问题。与普通的农业生产相同，可以生产粮、菜、瓜、果、畜禽、水产品等农产品。同时，依托现代先进的种养技术与名优新品种，能够生产无污染的绿色农产品，满足城市居民的需求。据测算，城市农场的一种模式——垂直农场，每平方米建筑面积农作物产量为37千克，创造净效益19.75美元。

1.3.1.2 生态功能

所有城市农场种植出来的食物都是绿色产品，没有除草剂、杀虫剂、化肥。避免了传统农业生产所造成的环境污染。城市农场将生产用地归还给自然，节约耕地以退耕还林，保存了生态系统的功能，促进了生态系统的平衡。城市农场免去了农产品机械生产和长途运输环节，有效减少二氧化碳的排放量。城市农场能够节约农业用水量，调节建筑环境温度，净化空气，减少辐射。在某种程度上，既能节省能源，又能提高地区之间的小环境质量。

1.3.1.3 社会功能

城市农场将绿色带入建筑，带进人们的日常生活。能让城市居民通过亲身体验种植蔬菜、花草以及养殖小动物，懂得劳作的真意，了解到更多的种植文化，给人们的心理带来满足感、放松感、精神活力感和畅快感，能辅助调节人们的健康。城市农场促使城市儿童培养与自然共生的态度、对农耕劳作的兴趣以及对食物来源的敏感意识。多样的农事活动也能提升单位员工的团队合作与沟通技巧，增进彼此感情，使团队凝聚力大大加强。

1.3.2 主要研究内容

主要研究内容包括以下4个方面。

1.3.2.1 城市农场的概念研究

（1）阐述选题的背景与意义。

（2）界定城市农场的概念、功能。

（3）按时间顺序，总结城市农场的发展历程。

1.3.2.2 城市农场的技术与设计分析

（1）从不同空间场所角度，分析城市农场的类型与影响因素。

（2）从技术整合角度，分析城市农场所需的水分、养料、能量、气候、光照循环等相关技术，总结城市农场设计的技术要点。

（3）从生态景观角度，总结城市农场的景观设计要点。

1.3.2.3 城市农场发展的可行性研究

（1）从区位、发展空间、技术支持、受众人口等方面分析城市农场的发展可行性，并重点探索分析北京市发展城市农场的可行性。

（2）以北京城市农场为主要研究对象，重点梳理研究北京城市农场的发展现状，解析主要模式，并明确各模式的适用条件和范围。

（3）针对现状问题，提出北京城市农场发展的对策。

1.3.2.4 城市农场的发展趋势

（1）总结城市农场发展存在的问题，分析确定城市农场发展的制约因素。

（2）根据现实情况，分析城市农场发展趋势。

1.3.3 研究方法

1.3.3.1 归纳演绎法

在梳理现有资料的基础上，对目前城市农场的理论研究进行归纳，分析并总结国内外学者对城市农场建设的观点，并演绎出有关创新城市农场技术体系的框架。

1.3.3.2 规范分析与实证分析相结合

采用规范分析的方法，将一般性的理论分析与实地调研相结合，总体研究与个案研究相结合。总结目前城市农场的发展现状，并分析城市农场对城市发展的重要作用。

1.3.3.3 文献资料收集与实地研究相结合

利用网络、专业书籍与学术期刊等渠道广泛收集国内外同类研究文献资料，从总体上掌握本研究的国内外研究现状、前沿、研究方法及本研究所需要的信息与数据；本研究采取实地调研、直接访谈等方式对北京市城市农场进行实地调研，以获得第一手资料。

第2章　城市农场的发展历程

在城市的发展史上，建筑学家、经济学家、哲学家、社会学家以及生物学家们一直在通过对农场和城市食品配送的设计和研究来寻求改善食品供应和城市社会的关系，而这方面的历史往往被人们所忽视。城市的起源与发展都与农业息息相关，城市农场伴随着城市的发展而进一步发展。从古文明时期到工业革命前，农业一直是城镇密不可分的一部分。由工业革命推动下的城市化发展，促使城市与农田隔离，其城市居民的粮食由农村供给。在这种状态的持续发展下，农村的作用更加突显——为城市源源不断地提供所需的粮食。20世纪中期，都市农业的发展进入高潮期，人们利用自家房屋的屋顶和花园空地、城市公共空间等地方开展农作物的种植项目。随着城市居民需求量的增加和食品安全问题的关注，基于城市建筑，利用城市空间的城市农场概念席卷世界各国。

对于城市农场的发展，无论是对未来城市发展趋于理想主义的设想，还是目前已经小规模实践的农业与建筑一体化工程，都将成为城市农场发展历史的重要组成部分，为农业如何与城市有机结合奠定了理论基础。城市农场的发展大致可以分为5个阶段：工业革命之前的城市农场与城市和谐相融期；工业革命到20世纪初的城市农场低潮期；20世纪初至第二次世界大战结束期间现代城市农场雏形；第二次世界大战结束后至20世纪末现代城市农场的发展期；2000年以后的现代城市农场繁盛期。

2.1　城市农场与城市和谐相融期（工业革命之前）

在古代文明的城镇中，农业往往是城市的重要组成部分，而此时城市管辖的农业最重要的目的就是为了供养城市，城市农场就以农园、菜园等形式出现在城市中。在古代文明先进的城市住区中进行农业生产，并不罕见。考古发现克利特文明（希腊爱琴海）的城镇范围超过75公顷，人口12 000人，城镇边缘有独立的农场。米诺斯宫殿曾围绕着一个中心场区将储存和生产地块进行分类，统治者很可能控制了周边地区的大部分农业，约有1 000公顷。

农业与古代城市的相融已是不争的事实，古文明的城市农业不仅规模庞大，农产品种类也相当丰富。公元前1500年，古埃及新王国的首都底比斯，围墙中繁盛的花园为家庭提供新鲜水果，包括土著葡萄、石榴、苹果和杏仁。在中世纪，堡垒的城墙上经常会发现菜园和果园。阿拉伯人种有美丽的农园，里面满是水果树和观赏植物，水池和河流贯穿着他们的乡镇和城市，并将这些庭院发展到他们移居的地方。家庭能够自己在夏天生产并提供给他们大部分蔬菜和动物性食物，还可保存食物在寒冷的冬天吃。《城市农业国际史》中提到城市农业除了具有生产特性，还具备休闲功能，在意大利那不勒斯附近的一个古城——庞贝城，每个家庭都有自己的农园，农园不仅生产食物，而且是每个家庭交际的一个中心场所。

从搜集的资料来看，有城市出现的地方同时期同地域都会出现农业的补给，人们所居之处总是伴随着农业生产，从而形成古文明时期特有的城市农业文化。4 000年前美索不达米亚最重要的城市乌鲁克，占地大约1 100英亩（1英亩≈0.4公顷，全书同），是一个有着将近5万人口的城市，在这个城市中工作的成年人，除了已有的职业外，他们绝大多数都要从事初级农产品的生产。在古代的苏美尔地区，生活在城市中的大约90%的人是生产食物的农民，他们的工作就是在城市周围灌溉农田。在库斯科和马丘比丘，大量的防水隔墙、梯田砾石床和石排排水提供了在陡坡上的精耕细作模式。生活与生产总归要相融而存在，对城市居民而言，农业与农场的存在不是生活中的装点与闲趣，而是生活的重要组成，是生存必不可少的内容。生活与生产的一体化，既塑造了古代人别样的生活方式，也减少了对自然生态环境的不良影响。

城市农场生产所能提供的食物供应远不能解决城市人口的吃饭问题，大部分的粮食还要依靠城市以外的农村地区供应。在17世纪，英国威尔德地区不仅是乡村工业生产地，而且还是一个奶制品生产区，或正在向饲养、育肥牛羊方面发展。这个地区为伦敦数量众多的城市居民提供大量农副剩余产品，使伦敦成为英国城市化发展速度最快的城市。不仅威尔德地区，伦敦近郊的许多郡区乡村都进行谷物、蔬菜、果品等农业生产，为伦敦的城市化高速、顺利发展提供了基本的物资保障。据记载，东盎格利亚地区的萨福克郡是伦敦居民消费黄油的第二大供应地，同时也是第三大奶酪供应地。正因为如此伦敦才实现了巨大飞跃，一举成为欧洲最大的城市。

2.2　城市农场低潮期（工业革命到20世纪初）

从18世纪60年代起，由于工业活动以及后来的郊区扩张，城市和周围的土地压力越来越大，利润较少的农业活动被推动着远离了城市，这造成了城乡传统的二元对立。工业革命推动了技术的进步，制冷技术的出现与交通的进步，直接导致食物生产空间与消费空间分离，也直接引发了粮食等食物的生产空间与城市空间的割裂。加之生物化学技术的迅猛发展以及机械程度的不断提升，粮食生产在工业化进程中逐渐淡出人们的视线。随着专业化的分工越来越明确，人们不再需要自己种植粮食，只要自己从事相应的工作，便会有各种的公司与商家为你提供一切日常所需要食品。对于大多数城市居民而言，只有在超市购买包装食品时，才会与农业产生联系。从某种意义上看，城市中的农业不得不让位于工业，农业渐渐消失，城市与农业的关系一度陷入土崩瓦解的局面，同时给生态环境带来难以修复的伤害。

在工业革命大背景下，德国经济学家杜能在城市与粮食的关系方面的研究成果，从理论上论证了城市与农业剥离的可能性。杜能关于粮食系统分布与运输对食品价格影响的著作《孤立国同农业和国民经济的关系》于1826年出版，著作中杜能农业圈画出了各种食品从农村到城市的最大运输距离图表。乳制品如奶油和乳酪因为保存期限最短，位于最接近城市的地区；木材较难运输，可以种植在离市中心稍远的位置；农场和牧场可以进一步位于城市更远的距离。城市规划师们将这一理论作为城市规划的理想模型。

不论是在中国古代还是在国外古代城市中，城市与农业一直保持着互惠共生的空间关系，生活与生产总是相伴相生，可以说是与自然的和谐相处，是一种非人工的自发自觉的人类活动。然而在多数工业文明主导的西方国家城市中，现实改变了人们的审美，原始的自发自觉的态度早已转变为不合时宜阻碍经济发展的拦路石，不仅官方不予支持，草根菜园也被专门用于休闲娱乐的硬化地面和一片片规整的绿地所代替。人们对物质的渴求以及对经济利益的疯狂追逐表现在生活的方方面面。越来越多的人对原始的美学以及传统的坚持开始动摇，城市农场渐渐不再被人们提及，尤其在重视工业化生产的时代，对农业隐形的歧视是一直都存在的。人们在工业文明产物的衍生中逐渐丢弃了传统意识，使得城市结束了传统的供养模式，最终走向无农时代。

当然，在多数工业城市大肆追逐经济利益的同时，在农园变为华丽的花园草地的同时，人们觉得自己丧失了与土地之间的古老连接，备感失落，并渴望重新建立。在19世纪中叶，社会主义学家皮埃尔·勒鲁提出了循环系统计划，这一计划可以通过新开发的下水道将城市废物运送到农村增加农业产量，再以新鲜水果和蔬菜的形式返回城市，创造货币价值，使城市和农村形成一个相互联系的、封闭的系统。19世纪后，建筑与规划界精英开始规划和创建将农业与城市设计相结合的新型社区。这类社区的集大成之作《明日的田园城市》一书在1902年再版，它的作者霍华德将理论上升到图纸的高度，详细阐述了新思潮下的城乡关系——农业与城市紧密结合。霍华德主张粮食生产和消费在城市中得到有机的结合，他不仅给出了设计图纸，还重点推演了粮食运输和分配方面的一些问题，致力于建设城乡完美融合的理想城市。在霍华德看来，农业不仅是生产食物的手段，更是创造社会价值和凝聚力的重要方法。

2.3　现代城市农场雏形（20世纪初至第二次世界大战结束期间）

20世纪初，得益于铁路和漕运系统的逐步完善，食品的运输成本也大幅下降，这使农业在远离大都市的地区发展。大部分城市渐渐变成了食物储存和交易的场所，粮油产品渐渐从生活基础资源演变成了投机商品，农业和第三产业开始交集。在这样的背景下，城市建筑行业又迎来一轮新的思潮，农业与城市建筑结合的思路逐渐发展到新的高度。1922年，勒·柯布西耶在《明日之城市》一书中提出了现代城市理论，他站在建筑设计角度倡导现代城市的发展建设应该追求农业与建筑的完美结合，将宽泛的理论应用到微观的事物上。他认为，城市中设立“农业保护区”是非常有必要的，这些区域按照规模和所有者归为3类，即大规模农业区、私人家庭农业区和城市集体农业区，其生产方式是由当地居民或雇佣农民劳作，旨在为周边地区供应粮食产品。1923年，城市农场最早出现在美国的底特律市。为了缓解底特律市所面临的一系列城市废墟空地问题，设计师首次在拉法耶特大厦旧址上建造了拉法耶特城市农场。1934年，柯布西耶在现代城市理论的基础上提出了光明农场的设计。柯布西耶认为，农业和建筑都是远古时代就出现的，可以代表人类璀璨文明的元素，只可惜他的理论在当时并未得到较大反响，而他本人也没有继续深入研究。

战争会引发与食物短缺相关的生存危机，也赋予了城市农场发展的新契机。对于战争所带来的社会危机，城市农场总是作为重要的协助手段来平息食物短缺风波。城市农场在此时出现，一方面是为了满足人类对食物的最基本的需求，另一方面也是为了将更多的粮食供给前线，以举国之力支持军队抗战。第一次世界大战和第二次世界大战期间，各国在民间开展了各种形式的城市农园运动。现代城市农场雏形基本形成。

1910—1945年，爆发了人类历史上的两次世界大战，波及全球的各个国家，由战争引发的大饥荒也随之蔓延到各个地区。美国两次战争期间官方以及民间都大力提倡的城市农场运动主要有自由农园（第一次世界大战期间）和胜利农园（第二次世界大战期间）两种形式。第一次世界大战时期出现了自由农园，国家试图以此来缓解市民的贫穷状况。自由农园委员会在报告中说，1917年350万个自由农园为美国的公民生产了价值5.2亿美元的农产品。战争期间，人们对食物的需求超过了对其他任何物质的需求，因此政府开始不遗余力地鼓励发展民间农园，就连士兵都加入到城市农园劳动当中，并收到了很好的成效。加拿大关于城市农园的调查结论为，在加拿大历史上产生过6种类型的社区农园，它们是铁路农园、学校农园、自由农园、空地农园、反主流文化园、社区农园。第二次世界大战期间，加拿大的自由农园转化为胜利农园而再次达到城市农园运动的顶峰。西欧很多国家在战争期间都出现过配给农园，像荷兰、法国政府都曾为应对战争带来的贫困而出台相关政策并实施“份地农园”，用于生产蔬菜和粮食作物。第二次世界大战期间，英国和其他国家还进行了“为了胜利而挖掘”运动，人们利用一切能利用的土地生产食物。在1944年英国议会议事录上，记录了英国自己种植的食物有来源于城市农园的。在城市粮食生产达到顶峰的这些年里，到处都是城市农场，包括牛津街的约翰·路易斯店铺的地下室、工业化地区甚至是足球场地。这些农场可以为国家提供1/10的粮食作物。战争期间，除了各国官方致力于发展城市农场，很多市民为了维持生计也会自主开垦农园，欧洲犹太人住区里，犹太人为了生存把花园改造成完整的农园。第二次世界大战后，德国因食物短缺和各种社会弊端的大量浮现，市民农园迅速发展。德国市民农园是将城市或近郊区用地规划成小块土地出租给市民，承租者可以在农地上种花草、树木、蔬菜、瓜果或庭院式经营，体验农业耕作、田园生活以及接近大自然的乐趣。

城市农场运动在战争期间成为应对食物短缺、维持生活的唯一选择，食物生产成为农园发起的基本目的。同时也验证了城市农场的优势，农作物在城市的任意空间都可进行种植并能有收获，为人们提供了足够的食物保证，让社会趋于稳定。城市农场所承担的社会意义基本相同，其最本质的层面是从来没有改变的——适时生产农产品满足人类最基本的生存需求，这也正是城市农场的魅力所在。

2.4 现代城市农场的发展期（第二次世界大战结束后至20世纪末）

进入20世纪中后期，大规模机械化农业生产方式快速发展，人们开始重新审视农业发展的规律。发达国家的机械化水平已经到达全新的高度，他们甚至开始排斥传统的农业生产方式。城市建设以及农业问题又一次被推到了风口浪尖。人们对当时工业化的生产方式和大规模的城市建设提出了质疑。建筑规划师们重新审视城市粮食体系和城乡关系，自发地参与到城市农场的建设中，并根据实践提出现代城市农场建设理论。

20世纪60—70年代，希腊规划师康斯坦丁·达克斯最先对城市农业产业的变革提出了新的思路。达克斯主张城市用地面积的1/10应该用于农业生产，不能将全部的城市土地发展为工业服务性质。在他的带动下，同时期许多设计师纷纷挣脱传统城市规划的束缚，提出许多新颖的城市农场计划。1961年，日本建筑师黑川纪章的初期建筑项目“农业城市”是一个以农业作为城市化符号及全新设计理念的人口密度超大的现代城市。他的理论是，借鉴日本传统村庄的发展模式，并使用现代主流建筑技术，“农业城市”作为块状单元，被分布在建筑框架的周围，与建筑主体有机结合。1971年联合国教科文组织在“人与生物圈计划”研究中提出“生态城市”这一概念，其主要目标是要实现人与自然环境的和谐相处，互惠共生，最终达到城市的可持续发展。1973年，在石油危机的冲击下，逆城市化从一种激进思想逐步变成现实，小规模农业活动越来越多地出现在城市的大街小巷，这些甚至被《建筑设计》杂志收录报道，可见其兴盛一时。建筑师雷诺重新启用社会主义学家皮埃尔·勒鲁的循环系统理论，以设计图纸的方式描述以家庭废物再利用为核心的循环式生态系统。第二年，雷诺创想的垂直种植概念刊登在1974年1月的一篇杂志上。1984年，苏联生态学家亚尼茨基首次全面阐述了生态城市的概念，认为生态城市是一种理想的城市模式，其中技术与自然充分融合，人的创造力和生产力得到最大限度的发挥，而居民的身心健康和环境质量得到最大限度的保护。在1984年的人与生物圈计划报告中，提出了生态城市的5项原则，即生态保护战略（包括自然保护，动、植物区系及资源保护和污染防治）；生态基础设施（自然景观和腹地对城市的持久支持能力）；居民的生活标准；文化历史的保护；将自然融入城市。其中有两条原则都提到了自然和城市需要保持的联系。这些原则涵盖了生态城市规划所要表达的主要内容，为生态城市理论的发展奠定了良好的基础。同年，美国生态学家瑞吉斯特也提出了建立生态城市的原则，即以相对较小的城市规模建立高质量的城市，就近出行，小规模地集中化，物种多样性有益于健康。

第二次世界大战后，对于现代城市农场的实践尝试一直没有停止，并逐渐走向复兴。当经济得到复苏时，在快速城市化的过程中，城市农场发展出现了新的景象。在考虑城市农场当前和未来的收益时，政府和市民看到了城市农场带来的实惠。因此在20世纪60—90年代，城市农场在很多国家的政策驱动下走向复兴，在市民兴趣的推动中逐渐达到空前繁荣。苏联总统戈尔巴乔夫宣布了一项政策，鼓励俄罗斯城市家庭重新翻耕土壤，其影响令人大开眼界。20世纪70年代早期，有1/3的莫斯科家庭参与粮食生产，到20世纪90年代中期这一比例发展到3/5。1982年东非坦桑尼亚总统尼雷尔发布了类似的政策，得到了类似的结果，20世纪70—90年代，当时的首都达累斯萨拉姆参与农业生产的家庭从1/6增加到2/3。从20世纪80年代初至今，新加坡的城市农场发展与城市农业科技最先进的荷兰并驾齐驱。纳尔逊·曼德拉在20世纪90年代掌权时，为南非民主政权带来了鼓励城市农业政策，成效非常显著。这表明，城市农场不仅仅是发达国家应对未来粮食问题的重要手段，在欠发达地区取得的显著成效，更能证明城市农场是城市未来可持续发展的必经之路，而官方的态度是城市农场取得成功的关键所在。自从工业革命爆发，城市农场活动一直处于起起落落的局面，城市农场被视为紧要关头的补救策略，因此，城市农场总是伴随着经济的萧条与繁荣而呈现萌芽与衰落。直到官方明文政策的出台才真正为城市农场的长久发展打下基础。

尽管官方对于城市农场态度的转变是近些年才发生的事情，事实上，世界各地的草根农园从未消失过。第二次世界大战时期在北美发起的胜利农园、战争农园到20世纪70—80年代开始过渡到以休闲娱乐为主的社区农园，人们开始注重社区农园与园艺的结合，对城市农园的关注与利用从实用型向观赏、休闲型转变，这种意识形态一直影响到现在的城市农场发展。如由霍尔特景观设计事务所设计的美国芝加哥盖瑞康莫尔青年中心的屋顶农园，旨在为老年人与青年人提供课后学习与休闲空间。20世纪70年代早期，配给土地的命运发生了显著的改变，英国掀起了新型的城市食物种植活动。主要的原因似乎始于20世纪60年代开始发展起来的一个日益增强的环境道德伦理。这种新兴的环保意识引起了新型城市食物种植活动的开展，特别是城市农场和社区花园运动。作为新的生态景观，越来越多的人开始关注对城市农业景观特性的发挥，试图实现景观效应与生产效应的双丰收，为现代社区创造沟通环境。其意义已经远远超出了单一性植物景观所能为城市创造的一切可能。在政府的鼓励下，人们对城市农场的认识正在发生积极的转变。在人们意识的转化过程中，生态景观也悄然兴起，为城市农场创造环境条件。在这种堪称良性的意识形态的主导下，无形中召唤着城市农场的回归。

2.5　现代城市农场繁盛期（2000年至今）

现代城市农场概念的提出基于第二次石油危机的影响。油价的波动对经济稳定产生巨大冲击，长距离的物流运输给城市环境带来巨大压力。与此同时，城市飞速的发展蔓延导致地价上涨，农业用地锐减是不争的事实。在这样的背景下，建筑行业的专家们不得不考虑生态环境与建筑产业之间的微妙关系，如何在城市中生产食物也必须重新进行考量。除了传统类型的城市农场，一些新型的城市农场也开始出现。植物生理学和植物营养学理论与技术的突破催生了植物工厂的理念。1957年，丹麦约克里斯顿农场诞生了世界上第一座植物工厂，面积为1 000平方米，属人工光和太阳光并用型植物工厂，所生产的农作物为水芹。1963年，奥地利卢斯那公司建成一座高30米塔式人工光植物工厂，采用上下传送带旋转式立体栽培方式，所生产的农作物为生菜。1974年，日本日立制作所的中央研究所开始了人工光植物工厂研究，日本第一个用于生产实际的人工光植物工厂是1983年静冈三浦农场三角板型植物工厂，采用高压钠灯。至1998年，日本已有用于研究展示、生产的植物工厂近40个，其中生产用植物工厂17个。

1999年，城市垂直农场作为都市农业现代化发展下的必然产物被美国哥伦比亚大学的环境科学和微生物学教授迪克森·德斯波米尔首次提出。德斯波米尔基于对世界粮食问题与生态环境危机的思考，于2003年在《垂直农场——养育21世纪地球》一书中提出这一概念，城市垂直农场就是将农产品、牲畜养殖等农业环节放入可模拟农作物生长环境的多层建筑物中，并通过能源加工处理系统，实现城市粮食与能源的自给自足。在功能方面，城市垂直农场主要是农业种植和生产；在能源消耗方面，城市垂直农场除了农业生产需要大量的能量来支撑人工环境控制装置的运转，其建筑自身的耗能也十分巨大，需要利用太阳能、风能等可再生能源来获取能量。加拿大滑铁卢大学的高登·格拉夫设计的“空中农场”是早期比较成功的城市垂直农场案例，他将农场分布在55层的建筑中，仅占地2 508平方米就获得了7.4万平方米的种植面积。该建筑采用先进的水耕农业技术，其超高额的粮食产量可以说是个惊世骇俗的创举，另外它完美实现了废物利用的初衷，利用城市生活垃圾发电满足农业生产需求。同一时期，欧洲和美国也进行了积极的探索，埃里克·爱林森的“金字塔农场”和查理斯·雅各布斯的“垂直农场”都是德斯波米尔教授理论在实践中的优秀成果。

激起建筑界人士对城市农场课题研究兴趣的是2007年举办的“生态建筑挑战大赛”。此设计竞赛展示了人们对工业化、城市化作用下的全球生态环境的担忧，以及面对未来挑战所作出的创新改革，其中由美国Mithun建筑事务所设计的西雅图“城市农业中心”在此次大赛中入围，该建筑不仅可以用于农业生产，还拥有318套公寓。随后，2008年7月，巴黎Atelier SOA Architects建筑设计事务所的奥古斯丁·罗森斯提赫尔为了解决如何在城市环境下种植不同农作物的问题，专为巴黎设计了庞大的多层城市农场，并在屋顶上安装涡轮发电装置改进建筑物自身的能源消耗。自此，城市农场课题的研究进入了一个新的阶段。

城市垂直农场设计新颖，理念先进，受到各界广泛关注。但是碍于巨额的资金成本和难以控制的操作性，推广起来还有一定难度。目前，除了农业与办公建筑一体化的“日本东京总部办公楼”和农业与商业结合应用的“芝加哥都市垂直农场”在实际运转中，其他新型城市农场领域还没有实践项目，只是有一定数量的设计案例。

与此同时，城市农场所包含的其他类型农场并没有停止发展的脚步，人们更多的是利用自家屋顶、阳台、废弃的旧建筑屋顶等可利用的城市空间种植农作物。纽约无疑是发展屋顶农业最为迅速的城市，这个名为“PLaNYC 2030”可持续发展绿色项目的开展主要归功于纽约市长迈克尔·布隆伯格，同时纽约市政府为建造屋顶种植农场的市民出台了减税优惠政策。目前，纽约市不仅市民在自家的屋顶建造屋顶农场，还拥有几家稍大规模的屋顶农场种植区，收获的绿色有机农作物可以直接卖给青睐绿色食品的当地居民或者有机超市。例如，纽约曼哈顿区一家名为“酿醋厂”的高档熟食店多年前就在屋顶建造农场，他们尝试种植番茄，还有各种莴苣、药草、罗勒、迷迭香、百里香、覆盆子、无花果、甜菜等各种蔬菜、水果。

第3章　城市农场的规划设计应用

3.1　城市农场的生产类型

现代城市农场的农业生产与有机废水废物资源化处理两项功能缺一不可，相互作用，特别是动物养殖与废水废物资源化处理功能有密切联系。将城市农场和城市建筑、基础设施结合，一是可以利用处理后的中水改善农业生产的水资源浪费问题，二是可将农作物种植与湿地净化系统结合获取饮用水。因此，在城市农场的建设中，需要针对其近期规划和长期发展两个方向认真思考。在城市农场的近期规划中，城市中原有的污水处理系统可以为农业生产中的无土栽培和植物工厂提供用于灌溉的中水。从长远来看，将城市农场的功能充分利用，可以把有机废水废物的处理系统做成城市集中的公共设施，而农业生产可以在城市中分散，直接服务于周边的社区居民、办公区和商业娱乐区。因为城市农场农业生产功能比处理废水废物功能更为人们所熟悉，不仅可以供给粮食，也可以作为教育、休闲娱乐等项目引导居民积极参与。但对于城市有机废水废物资源化处理系统来说，前期投入资金高昂，操作复杂是当前最艰难的问题。因此，在城市中心定点集中过滤城市废水、消解有机废物，其产生的沼气、沼液、沼渣等可再利用物质统一再分散输送到农业生产基地。

3.1.1　城市农场的种植类型

对于城市的形态有分散和集中的争论，相应地城市农场也可分为分散型与集中型。在霍华德的田园城市构想中考虑了充分的环城及城内农业种植，每个城镇外围有5倍于城镇面积的集中农业，同时可以起到遏制城镇扩张的作用，在城内提供的每块居住单元面积以满足家庭自给自足为标准，可见在霍华德的城市形态模型中城市社区农场充分满足城市生产需求。而赖特的“广亩城市”则更极端地为每个公民分配了一小块私有的农园，居民在自己土地上可自由地进行农业种植。这种分散型的城市农场出现在低密度城区，适合种植在城市开放空间、社区开放空间、线性及插花式空地，所属城市农场类型为农园式、社区式农场。而柯布西耶提出的垂直花园城市理论将花园移至垂直空间，为城市农场争取了更多的空间并且更适合高密度的城市种植。这种集中型的城市农场保持了城市的高密度性，适合种植在屋顶、阳台、墙面及建筑空间内部，所属城市农场类型为屋顶农园、阳台种植、墙面种植、建筑物内部空间种植。由于集中型城市农场不仅利用了与占地面积相同的屋顶面积种植，还可以在阳台、墙面甚至建筑空间内部种植，所以在相同的基底面积上，集中型的城市农场比分散型的生产面积大。

3.1.1.1　分散型城市农场种植

（1）城市居住社区农场种植。居住社区农场种植是将居住社区的空闲地和公共用地组织起来，交给有意愿的居民参与种植，这些土地的使用者可以在里面种植可以食用的农作物，但是种植种类有一定的比例要求，而且必须将土地打理好。不能有裸露的土壤出现，使其处于比较好的维护状态。居住社区农场可分为个人住宅农园、社区邻里合作农园、社区农场等形式。目前，我国开在小区里的社区农园一般要到街道立项支持，选址在小区的公共花园，采用一种开放共享的方式，农园的设计和管理都由小区居民共同参与，每一个居民都可以来种植。社区农园可用来种植瓜、果、蔬菜等，也可用来栽种花卉，所得成果由居民支配。

社区农场种植农作物种类主要以常见蔬菜、水果、观赏植物、药用植物和观赏草等为主，也有少量玉米、小麦等农作物。通过这种活动，不仅可以对城市内的空闲地进行最大化利用，同时还可提供一定的绿色食品，改善城市环境，创造休闲、锻炼、教育的机会，促进城市居民的沟通与交流。

（2）城市公建区农场种植。公建区的空地多与建筑形成对峙关系，所以园区内存在一定规模的完整劳作地块作轮作菜畦，并存在一定的室内生产温床进行育苗研发等工作。这种成规模的农场景观和研发基地易于展示成果、塑造良好的企业形象，也适合公建类型的管理方式，同时可以开放作为教育与参观基地，产生更多积极的社会效应。在轮作菜畦就近集中布置仓储建筑、雨水收集装置与堆肥场。农场在主要城市道路一侧，设置农业缓冲带以减少道路污染对农业的影响，在农场内选取合适角落形成多样种植园。在园区一角布置运动场地，并以农作物环绕具有良好围合感与景观效果，为工作人员提供良好的释放压力、锻炼身心的场所。

3.1.1.2 集中型城市农场种植

（1）屋顶种植。屋顶种植是利用建筑顶部空间实现绿色种植的一种形式，目前在全球范围发展较成熟。传统的屋顶种植最初可追溯到公元前6世纪建于底格里斯河和幼发拉底河流域的古巴比伦“空中花园”。随着历史的发展，单纯的种植花草、树木的设计方式日趋成熟，屋顶种植在城市中的重要性也越发凸显。到了20世纪60—80年代，由于西方发达国家的城市景观和建筑技术等方面都趋向成熟，屋顶种植逐渐在北美地区的加拿大和美国，欧洲的英国、德国和荷兰等国家广泛发展。经过多年普及和发展，人们已经认识和感受到绿色屋顶结构给城市带来的好处。越来越多的国家为了扩大绿化面积，制定了各种法律法规来鼓励和保障屋顶绿化的实施。日本、德国的屋顶种植发展迅速。从20世纪70年代开始，日本利用生态学的设计原理营造新型的生态城市，最显著的效果就是屋顶种植技术的发展。2000年，日本东京在新修订的《自然保护条例》中规定，所有建筑物的屋顶一律进行植物种植。欧洲和美国等发达国家也积极参与开展屋顶种植技术，并逐渐趋于成熟，人们开始利用屋顶种植各种蔬菜和水果来获取每日的食物。

近年来我国快速城市化和经济发展的同时引发了诸多环境问题，城市中灰色的楼房占领了绿色的田野，土地和森林资源大量消耗，废气、废水、废渣大量产生，极端恶劣气候增加，PM2.5超标，生态环境遭到破坏。为了最大限度保护环境，增大绿化面积，减少有害气体，降低热岛效应，北京、上海、广州、重庆、深圳等许多城市已经开始大力推行屋顶绿化。

屋顶绿化种植经过半个世纪的发展，在各国政府的政策导向和强制措施下，其设计方式和建植工艺已日趋成熟。屋顶种植的分类有多重形式，按照绿化内容与形式，可以将其分为屋顶草坪、屋顶菜园、屋顶果园、屋顶稻田、屋顶花架、屋顶运动广场、屋顶花园、屋顶盆栽盆景园、屋顶水池、屋顶生态型园林、斜坡屋顶绿化等。在日本还出现了屋顶茶道园林、屋顶宗教园林、屋顶墓园等新型的屋顶绿化形式。屋顶种植具有诸多好处，对居民自身利益来说，屋顶种植更加接近市民生活，市民可以从劳作中近距离获取安全的有机果蔬，又亲近自然；从城市生态环境角度来看，屋顶种植捕获雨水，缓解城市地下水收集系统的压力，同时又减少交通运输所需的机动车数量和有害气体的排放。

与传统农业相比，屋顶种植不仅在建设选址上发生了巨大改变，在农业种植方式和技术方面也更为先进。许多的屋顶种植改变了传统农业土壤种植，采用无土栽培种植农作物。屋顶种植一般可以分为土壤种植、无土栽培种植和栽培箱种植。土壤种植多裸露在城市屋顶敞开的空间中，容易受到自然气候的侵害；无土栽培种植一般处于精密、封闭的温室环境下，可以一年四季无休止地生长，以水培和气雾培种植技术为主。

尽管屋顶种植给城市生态环境及发展建设带来诸多好处，但仍然具有一定的局限性。屋顶种植农场设计需要注意3个因素。

第一，根据屋顶分为可上人屋顶和不可上人屋顶。屋顶农园的打造要求是，可上人的平屋顶，有护栏，接水和管理较为方便的屋顶为最好。屋顶种植设计需考察场地是属于新建筑还是旧建筑屋顶，需要考虑屋面荷载的大小，屋顶面板的质量标准应符合国家有关的结构设计与施工范围要求。一般情况下，要求提供350千克/平方米以上的外加荷载。上海屋顶绿化技术规范显示，屋顶种植只能在6层以下楼房的屋顶。

第二，屋顶种植面积的大小取决于建筑屋顶面积的大小，尽管屋顶种植面积并没有成文规定与严格地限制，但通过对比屋顶种植案例的粮食收成量，可以确定种植规模较小的屋顶农场在经济效益上更存在不稳定的因素，一般屋顶的种植面积在929平方米以上为最佳。

第三，要对场地的自然条件进行评估，是否存在严重空气污染、固体废弃物污染等，应保证场地的开敞、阳光照射充足，有利于农作物健康生长的小环境，否则应对这些不利的条件进行改善。

（2）建筑室内种植。随着城市化的快速发展，城市中浮现出的环境、食品等问题越来越严重，充分合理地利用建筑室内空间发展农业生产将是一种绿色、生态、经济的先进化模式。建筑室内种植与都市农业的应用形式相近，将农业生产移至城市，甚至与建筑发生关系，通过其自产自销的生产模式降低交通运输所消耗的成本，市民能够自给自足吃上安全、新鲜、有机农产品。但室内种植由于农作物可接收到自然光的局限，必须依靠人工光环境控制系统作为植物生长的主要光照来源，在空间上，一般采用顶部光照或控制进深的侧面光照，充分覆盖植物生长空间。

从目前室内垂直种植农作物的实践案例来看，建筑内部按照农作物的种植方式主要有以下几种类型：采用人工环境的植物工厂、农业与建筑空间一体化种植和建筑内公共空间容器式散点种植等。在城市立体农场功能类型中，建筑室内种植占据着主要农业生产的最重要的空间，除了建筑内部主体的空间布局，其他的交通空间等公共空间都具有可利用性。

①采用人工环境的植物工厂。在植物工厂的建筑内部，需要解决的最大问题就是保证采光充足。目前，美国、日本、荷兰和中国都有许多的研究机构采用LED照明系统满足植物生长对光的需求。2011年4月，一个名叫“无阳光、无雨水的未来农场”的室内种植项目在美国ABC新闻网报道后引起社会的广泛关注。该植物工厂位于荷兰Don Bosch，主要由3位本国籍的生物工程师一起运营，将蔬菜、水果及草药种植在封闭和被调控的环境中，为室内的温室空间种植发展了新的空间定义。这3位研究者在植物工厂里研究了10多年，将草莓、香蕉等水果，黄青椒等蔬菜种植在LED的照明系统下，如今他们种植农作物的生长速度比一般温室种植要快3倍，而农作物的生长周期也由原来的6周缩短到12天左右，在植物生长过程中，利用先进、系统的水培种植并且不使用杀虫剂，这项技术要比传统的室外农业种植节省90%的灌溉用水，比传统水培节省75%。

②农业与建筑空间一体化种植。近几年，农业与建筑一体化建筑成为建筑师们的新焦点，建筑不仅仅具有服务于人的功能作用，集种植、生产、废水废物资源化处理于一体的综合性建筑体系出现在人们的视野中。而随着绿色经济的发展、低碳生活的普及和人们思想观念的转变，上班族对现代办公环境的要求越来越高，智能化和人性化的办公空间将成为潮流趋势。农业与建筑空间一体化种植相当于一个功能性的空间运用在工作环境中，不但为办公楼增添了生活化的元素，甚至成为单位吸引和留住优秀人才的重要手段之一，也保证了城市绿化量的增加和环境的改善，有利于城市发展，双赢的局面更能推动农业与建筑空间一体化种植出现在越来越多的

现代办公楼和写字楼中。

目前，最具代表性的实际案例为日本东京Pasona Group总部办公楼。该建筑的一层和二层对外开放，可以自行进入参观。该办公楼位于东京都千代田区大手町2-4-6号，距离城中心东京站大约1千米的路程。该建筑总面积约为5 000平方米，主要分为地下2层和地上9层，是以自然共生为主题的城市型农园“环保”办公楼。建筑各个楼层里，随处可见各种植物。建筑内设置了很多环保设施，这些环保设施由公司职员来分担管理，通过培育绿色植物，对员工进行农业与环保教育，可以让职员们体会到培育绿色植物的重要性。公司员工可以在建筑楼里一边工作，一边感受到植物的成长变化。建筑的一层入门休息大厅是水稻田，在水稻的栽培方面，使用天然的土壤，可再现自然的稻田景象。水稻田旁边中间区域培植一块长方形的花圃和一间封闭式的植物工厂试验生产间，在植物工厂里，采用水培技术和人工补光灯培育着各种各样的观叶植物和蔬菜。在过道等公共空间、天花板、紧靠墙壁种植一些蔬菜，这些农作物的种植主要使用无土、有土栽培农业种植技术。从一楼中央的台阶走上去，可以看到二层天花板上和墙壁周围以及开会休息的地方，到处都是蔬菜，椅子下培育着植物的新芽。在面谈空间里，培育着各种芳香的香草植物。建筑三层的中央部分生长着番茄苗。三层走廊的天花板上也常能看到探出脑袋的蔬菜和植物。工作的人们和蔬菜共存，每个人都可以吃到自己亲手管理的蔬菜。不仅建筑室内空间，就连办公室的天花板上、墙壁上都种有各种水果和蔬菜，阳台和大楼外壁种植着200多种植物。这里是个即使生活在城市中心，也能让人随时感受到春夏秋冬气息的地方。

③建筑内公共空间容器式散点种植。与大规模、复杂型的农业种植相比，越来越多的设计更倾向于利用空闲空间进行小型的种植活动。例如，市民在家里，会利用休闲时间用花盆或专用种植皿等种植一些自己喜欢的农作物，在缓解工作、生活压力的同时，还能收获蔬菜等产品，带来些经济效益。在日本和我国，市场上出现了一些以家庭为单元的小型植物工厂，该植物工厂是一个长度为1米的多层种植床，每层种植空间的顶部都安装了人工光源，这种新型的农作物种植器融合了LED人工光控制、无土栽培、营养液调配等应用技术。

除此之外，很多大型公共建筑内存在大量的公共空间。芝加哥O'hare机场利用立体容器式散点种植装置在机场内部修建了一个新型的城市花园，起到了调和航班延误的矛盾。这个高科技的城市花园位于G号登机口附近一个不起眼的角落，这个城市花园就像是从迪士尼中走出来的一样。需要用到强光支持垂直塔架上植物的生长发育，种植的作物包括草药、可食用花朵和一些番茄作物，引导牌标示了这些作物最后的去向。塔下的房子有水泵装置，它管理着水和营养物质的再循环利用，塔架设置的脚轮可使塔架旋转，便于维护和收获。在花园附近还有机场中舒适的椅子，可以给人们营造出一种坐在公园内的感觉。

建筑室内种植的优势在于：一是可以更好地适应城市的生长环境，全年无休地进行农作物的种植和加工，以蔬菜种植为最佳；二是消费者对于产出绿色、有机粮食的需求比很多餐厅更有吸引力，在建筑室内环境可控制的情况下，多层堆叠的植物培植方式可以产出相同面积2～3倍的作物产量。

（3）地下空间种植。建筑室内种植可以布置较大的空间，利用专业设施进行农业生产，其实地下空间封闭、阴暗、易管控等特点更适宜需要在特殊环境生长的农作物，如菌类、天麻、银耳等特殊生长环境需求的产品以及转基因食品、药材等。

在印第安纳州，科学家们与Controlled Pharming有限责任公司合伙创投，设计并改建了一座60英亩的废弃石灰石采石场作为地下空间的设施农业种植基地。作为第一个在地下空间种植作为测试的玉米作物，在较短的生长周期里种植基地收获的玉米产量比在温室中的产出还要多。试验证明，完全可以依靠设施农业光照系统成功地完成地下空间的农作物种植。他们还发展了第二个地下设施，创建了一个环境、温度、湿度、光照、通风和其他植物生长的因素有严格规定的地下空间，生产一些需求高二氧化碳浓度的烟草和大豆等。从农业长期的发展来看，减少人工环境控制系统消耗的能源就能减轻资源的浪费，降低资金的投入，这类地下种植极大可能改变美国现有的农业模式。

日本Pasona Group（保圣那集团）东京总部办公楼利用建筑地上的1～3层部分占用不等的建筑面积作为农作物的培植空间，但同时还建有一个生产水稻和蔬菜的地下农场。该地下农场面积为1 000平方米，共种植了100多种农作物。整个农场依靠电脑系统控制发光二极管、金属卤化物灯、高压钠蒸汽等人工光源及室内温度、湿度，保证植物处于适宜的生长环境中，在植物培植的过程中，蔬菜采用水培法，完全撤销杀虫剂的使用。

由于地下空间种植在相对封闭的空间环境，其耕作模式有别于屋顶农场传统的室外耕种。虽然没有荷载问题需要考虑，但地下空间种植完全依赖于人工光照环境，农作物的栽培方式也以无土栽培为主。在某种程度上，地下空间相当于一个无土栽培的温室，作物生长的客观条件需要精确地调控，这也是其造价及运营成本高的一个重要原因。地下空间种植的成功，也让人们看到城市废弃建筑地下空间的巨大潜力。这对于“城中村”或社区中无商业价值的废弃地以及被废弃的“短命建筑”等的改建具有更重要的现实意义。拆建解决不了一些社会问题，城市农场的集中种植赋予了这些场地以新的活力，势必将改善社区的就业形势和生活水平。

（4）墙体种植。墙体种植是城市立体绿化一种新的发展方向，它具有城市立体绿化更深层次的经济效益，不仅仅起到美化城市景观、改善生态环境、促进建筑低碳节能等作用，其生产的农作物可以缓解城市食物紧缺的危机，因此，城市农场的墙体种植可以更加高效地发挥垂直空间使用潜力，也将成为缓解城市粮食问题的一个重要发展方向。墙体种植目前应用的范围比较狭小，城市中最为常见的是以绿化的方式在墙体上进行植物种植，多为观赏性植物但并没有农产品的产出。

墙体种植一般可以分为两种：一是以建筑墙体为介质种植农作物，这种农作物墙体不仅用于外墙表皮，也适用于建筑室内，墙体种植仅用于分隔建筑空间布局，不起承重结构的作用。二是农作物的垂直种植形成外墙体，或是外墙以网架式框架作为支撑或是模块式墙体种植。

以墙体为介质是将农作物以土壤为基质直接砌筑在墙体内或是采用水培种植将农作物生长所需的营养液以循环的方式形成垂直墙体。水培墙体种植由于营养液相对于土壤轻便、易操作、无污染的特点，可以利用管道循环供给农作物养料，剩余的部分可以借助收集装置再次循环使用。

农作物的垂直种植形成外墙体，这种墙体种植形式在一些多层或高层建筑中能见到，常被冠以环保、节能、生态建筑的设计理念。网架式墙体种植的骨架多为轻便的钢结构，农作物经过一段时间的生长期之后，逐渐形成建筑的农作物种植外墙。模块式墙体种植也是依附在建筑的外墙结构或是以模块为单元的框架上进行农作物种植的一种墙体种植类型。这类模块主要由塑料、黏土、合成纤维、金属、混凝土等材料组成，在此可以种植的农作物种类较多、密度较大、易浇灌、方便拆卸更换，因此，更适于大规模高难度的墙体种植及多种立面形象，但在墙体养护和农作物管理方面与网架式相比更为复杂耗时。

在实际应用过程中，要根据农作物的生长特点将它们合理种植在受光面不同的墙体上。另外，就墙体种植对室内空气环境的影响而言，喜阳喜温植物可以种植在建筑采光充足的南侧；而叶子较大的植物可以选择种植在西侧降低下午西晒对室内温度的影响；在建筑的北侧背光面主要选择喜阴的植物，有利于隔音降噪。

（5）阳台种植。阳台种植是指利用阳台可用的空间进行农作物种植的一种方式。阳台种植从20世纪开始发展，最初以传统的农业技术将农作物种植在装有土壤的容器里。现如今，城市环境被高密度的建筑塞满，城市中除了部分的建筑屋顶可以用于农业种植，阳台空间也是合适的利用空间，既可收获绿色蔬菜，获取少量的经济来源，又可给城市景观增添一份绿意。

阳台种植与地面传统的农业种植不同，由于阳台固定的空间形态，所形成的采光、通风等环境条件各不相同，但在一般情况下，阳台的承重问题是开展农业种植首要解决的问题。第一，阳台种植多数采用简易箱为容器，以土壤为基质进行种植，如果阳台的空间较大，在结构承载条件允许的情况下，可以选择与屋顶种植相似的覆土型方式。第二，阳台种植也可以采用先进的无土栽培种植技术，在有效地减轻阳台承重压力的基础上，提高阳台种植的产量与品质。一般无土栽培种植的农作物产量是土耕的几倍甚至十几倍，在20～50平方米的阳台面积上种植所得的产量可以满足一个三口之家的果蔬需求。在阳台种植选择农作物品种方面，需要根据当地的气候环境、农作物的生长习性来科学地、合理地经营阳台种植。

北京褐石阳台花园是一个成功的阳台种植改造性项目。该项目将一栋五层的住宅楼中两个闲置不用的阳台空间改造并重新赋予其功能与意义，一个用于农业种植，供给家庭蔬菜等农产品；另一个种植用于观赏、美化景观的花卉。这两个阳台花园上空都增加了一个玻璃屋顶，屏蔽了冬季的严寒与春季的风沙，从而创造了一个相对舒适的小气候，使花园的建造成为可能。

在农业种植方面，设计师需通过对多种蔬菜不同的生活习性、生长高度等特点深入分析后，制定全年都有收成的合理种植方案。例如，春天的时候种植油菜、香菜等，夏天天气炎热时可以种植番茄和黄瓜，秋天的时候可以收获芸豆和葡萄，冬季寒冷时可种植生长期短的叶菜类等。为了农作物可以吸收到更充足的光照，阳台的固定种植槽的高度各异，布置成阶梯状，并且种植槽内的种植箱可以在气候条件不好的时候搬进室内，同时也方便清洁和维护管理。在资源利用方面，阳台的中央可以设计成一个能够存雨水的水池，同时，设计师需对建筑原有的雨水输送管线进行重新更新，将建筑屋顶收集得来的雨水，一部分送往种植槽下的水槽用于灌溉，剩余的部分存在阳台中央的水池中，水池除了具有观赏、美化景观的作用，在夏天酷暑时期又有利于保持室内气候的清凉。

3.1.2　城市农场养殖类型

动物养殖包括鱼类、家禽、畜牧等养殖，但不适宜养殖大型畜禽品种。与城市农场的农业种植相比，最大的不同就是动物养殖不需要土壤作为基质，也不需要大量的水资源用于无土栽培和灌溉。但动物养殖同样需要适宜动物生长的舒适空间。因此，从建筑设计角度来看，需要根据动物的生活习性等特点设计相应的环境场所，并且设计理念要求便于工作人员控制和管理。例如，动物养殖要求工作人员每天按时定点地供给动物饲料和饮水，并且在固定时间段对养殖空间进行卫生清洁，避免疾病的传播。由于动物养殖的复杂性和专业性，在城市中心的办公区域、住宅社区中进行动物养殖必然会带来一定的环境影响，这也将限制市民的参与。因此，动物养殖适合拥有专业饲养员且规模较大的饲养场，或是大空间的建筑室内，且远离城市中心与居住区域。

3.1.2.1　屋顶养殖

在很早以前，乡村村民就利用自己家的住宅屋顶或者社区的住房屋顶养殖动物，但村民自发的行为主要以小规模的鱼类和鸡、鸭养殖为主。在国内，特别是中小城市，已有些许屋顶养殖的成熟案例。1996年，江西省南康市龙岭镇的村民利用自家的屋顶逐步开展青鱼、草鱼与鲢鱼等鱼类养殖项目。1999年，甘肃省武威市某公司一名离职员工利用屋顶空闲空间建造养鸡舍，科学地饲养鸡，由于可以时刻监控鸡舍内鸡的生长环境，有效地避免疾病、不良气候等因素造成的伤害，屋顶鸡舍饲养产量大幅度提高，并带来了较高的经济产值。还有陕西省一些村镇的居民在屋顶进行莲藕与鱼类共生养殖，这种水田共生的养殖方式不但促进植物种植和鱼类养殖，而且可以适当地调节室内温度。

一般来说，屋顶养殖都会面临动物残留下来的粪便处理难题。建筑屋顶多为城市开敞的空间，在屋顶养殖动物将造成城市空气的污染。另外，城区内的屋顶养殖也会对居住区、办公区造成一定的噪声污染，影响人们的生活、工作。

3.1.2.2 建筑室内养殖

在城市农场中一般以建筑室内养殖场的形式养殖动物。由于室内空间宽敞、开放的缘故，在养殖规模和种类方面都要比屋顶和阳台养殖更规模化、多样化和专业化。在空间布局方面，动物养殖的光照需求低于农作物的需求标准，可以将动物养殖区安置在建筑的底层部分或接受光照较少的朝向区域。在生产模式方面，鱼类与植物的共生复合养殖系统促进两个体系的生态效益共同发展，因此，除了家禽和畜牧养殖，鱼类养殖也是建筑室内养殖的组成部分。在资源处理方面，动物养殖剩余的粪便比农业肥料具有更高的利用价值。建筑室内养殖能与城市废水废物资源化处理有机结合，为资源化处理提供原料。

3.1.2.3　阳台养殖

一般住宅建筑的阳台面积比较有限，因此在住宅建筑的阳台适宜进行小型的动物养殖，居民在每天空余的时间里可以照料动物，给动物喂养饲料和饮水，操作简单，资金设备投入较少，但阳台养殖所产生的气味和废物仍然影响住宅内其他住户的环境。因此，除了家庭宠物以外，城市内应严格禁止动物养殖。

3.2　城市农场的应用技术分析

总体来说，农业生产方式经历了露地种植、设施栽培、水耕栽培（无土栽培）和植物工厂4次重大变革。露地种植其实就是最原始的农田耕作，也是现在应用面积最大的一种种植方式。农田大面积的横向发展，没有固定的边界限定，所有的农作物都在室外裸露地生长，经受着阳光暴晒和风吹雨打。设施农业是利用人造设施、设备进行高投入、高产出，技术、人力密集型的产业，摆脱自然对传统农业的限制，是现代工厂化农业、环境安全型农业生产、无毒农业的必经之路。设施农业明显优于露地种植，在其发展进程中，主要体现在无土栽培与植物工厂两个阶段，这也是城市农场未来一段时间主要的农业生产技术，已逐渐在全球范围内推广并广泛使用。无土栽培技术越来越成熟，为农业带来了低成本、少供需、少人力的优势，并实现了自动化操作与管理，节约了后期的维护和运营费用。太阳能、风能、生物质能等能源技术是基于生态与节能思想，在未来城市农场中应用的新型环境调控技术。新型的农业技术不但降低了生产成本，缩减了不必要的繁琐步骤，更重要的是在人工智能化控制方面帮助城市农场有了新的突破。

3.2.1 露地种植技术

传统农耕方式露地种植，是由农业从业者自发探索形成的，从自家庭院到房屋顶，使用的仍是传统的农业种植工艺，对建筑结构和防水有一定要求。从格局布置上，一般采用和大田一样的规则行列划分，按标准的行距、株距进行种植，预留人工修建和养护的可操作距离，由人工进行维护管理。露地种植适用于居民的自发性种植行为，普遍存在于私人住宅，或者粗放型管理、大规模种植的工厂和企业建筑。但这种技术也存在局限性，对建筑载荷有严格要求，美观度也稍显不足，利用土壤作为农产品生长介质存在细菌和污染物的威胁。

根据栽培方式露地种植又可分为传统覆土式种植和预制器皿式种植。

3.2.1.1 传统覆土式种植

传统覆土式种植就是在社区农园利用现有土层在地面进行种植，或是在载荷、条件允许的屋顶上，将屋顶结构层改造成有种植土层的生产基质，也就是最常见的屋顶种植一般方式，将地面种植转移到空中进行生产。这种方式给屋顶添加了天然的隔热层，能够减少太阳辐射、雨水径流，很好地降低建筑室内温度。作物种植需根据覆土厚度，30～50厘米厚的土层都可以种植一般蔬菜及瓜果类，但考虑到建筑载荷承受能力，覆土厚度有限，因此不适宜种植深根性植物。

3.2.1.2　预制器皿式种植

预制器皿式种植也是居民常用在自家屋顶、阳台的种植方式，用各种容器进行自由种植，对屋顶结构要求较小，不需要对屋顶进行重新改造，容器形式和组合方式多样，使用塑料盆、泡沫箱、木桶、脸盆都可以，能够灵活运用屋顶空间，操作简单，管理和浇灌方便。如果需要做一个可移动的简易的种植器皿，只需要挖一块土跟椰丝揉在一起，拌一点蚯蚓粪、珍珠岩，再加一点蛭石就行了。

3.2.2　无土栽培技术

在土地资源日益紧缺，很多地区即将失去农耕地的情况下，人们为了寻求农业技术的多样性，开始探索无土栽培技术，这对解决城市农耕面积下降具有重大的作用与意义。无土栽培是指“不用土壤，而是采用基质（包括岩棉、草炭、蛭石、珍珠岩、树皮、锯末等）和营养液栽培植物的技术”。19世纪中期，克诺普等发明了此项技术。到20世纪30年代开始把这项技术应用到农业生产上。21世纪人们进一步改进技术，使得无土栽培发展起来。无土栽培有利于农业向立体化发展，在空间最大利用率条件下实现经济效益的最大化。可通过人工控制创造的植物根系环境明显优于土壤环境。无土栽培改善了原来土壤种植常见的水分与养分不和谐的供应问题，尽可能地帮助植物处于最佳的生长环境中，使植物收成在产量和质量方面都充分发挥高效的生产潜力。无土栽培减轻了化肥对土壤的污染，更利于自然生态环境的保护。无土栽培在整个农业生产过程中都可以对营养液的调配、植物的生产以及周围环境的监测等方面进行人工智能化操控，很大程度上降低了农民在农田耕作时的劳动强度，在节省劳动力的同时又有助于促进工作效率的提高，是一项可持续发展的农业生产技术。

无土栽培的技术很多，目前常用的有水培、气雾培和基质栽培。按照作物是否采用了固体基质，可分为无基质栽培和有基质栽培，其中无基质栽培主要有水培和气雾培。

3.2.2.1　水培

水培法使用矿物营养液供给植物生长，将营养液通过灌溉用水注入植物培养皿，水经过重新循环，并没有浪费掉。这种无菌、无土壤的生长环境可以消除一些繁殖迅速的病原体造成的潜在威胁，如大肠杆菌、沙门氏菌。水培不存在土壤侵蚀和土壤养分损失的情况，并且可以很好地控制植物摄取营养的分量，以获得最佳的风味和质量。运用循环水培方式可以节约土地和用水，控制化学农药的用量，并提供高效、高产、本地化全年的农作物生产。

国内很早就有进行蔬菜水培的种植方法，最简单的就是民间的将蒜瓣浸泡在少量的水中，使其生出蒜苗。第二次世界大战期间，南太平洋的一些岛屿利用水培的方法生产出约400万千克的蔬菜。水培蔬菜结合立体栽培的方式，能够在小范围内达到高产量的周年生产，兼具生产与观光价值，适于在城市中推广种植。

近年来，城市蔬菜的生产模式发生了变化，水培蔬菜搭配透明容器可实现良好的植物根系观赏效果，相比于花草，以水培蔬菜装点家庭居室和阳台，不仅有物美价廉、种类丰富、易于栽培等优势，还使部分生活废弃物得到循环利用，同时能收获安全放心的绿色无公害蔬菜。而商用建筑露台和楼顶具有面积大、阳光充足和通风良好等条件，利用营养液膜技术结合立体栽培装置建设小型水培菜园，可在一定程度上增加蔬菜栽培面积，改善城市生态，美化、绿化、净化城市居民的生活环境，营造绿色购物和餐饮环境。目前，国外水培蔬菜规模化、标准化、工厂化程度较高，多用于生产半成品鲜切沙拉菜等。中国水培蔬菜的产业化、工厂化程度也逐年提高，可有效增强大中城市蔬菜供应的风险抵御能力。

水培法主要用于蔬菜种植，由于水体不能固定根系，植株固定主要采取悬挂法（适用于蔓藤类作物）和固定根茎法（主要适用于矮生作物的栽培）。这种水培系统主要包括栽培槽体、液池、供液和排液管路、供氧系统、加温冷却以及自动化控制系统等设备。水培法主要依靠浮板的支撑将蔬菜在营养液中固定生长，把其根系悬浮在营养液中使其直接接触水槽中流动的营养液进行生产。此过程除了使用一般营养液加压和过滤等控制设备外，还必须对营养液的各项调配指标进行检查，如成分、温度、浓度以及含氧量。当营养液第一次被使用之后就直接导出栽培系统外，被称作开放式栽培系统。开放式栽培系统的控制设备成本相对较低，但会再次污染环境，所以并不是营养液使用中最好的处理方法。此外，还有一种是封闭式栽培系统，营养液被消毒、过滤处理之后呈流动式状态循环使用，这种系统方式可以将营养液中有利于蔬菜生长所需的养料尽可能地被吸收，比开放式栽培的利用率增强了几倍，有效节省了资源，但仍然在能耗与控制设备方面存在需要改进的地方。目前，水培主要分为营养液膜水培、深液流水培和浮板毛管水培。非专业人士也可以操作的是营养液膜水培和深液流水培，因此，这两种技术比较被广泛接受。

营养液膜技术（NFT）指营养液以浅层流动的形式在种植槽中

从较高的一端流向较低一端的一种水培技术。但种植槽中营养液的深度只有0.5～1.0厘米，这些少量的营养液在系统中循环作用于植物的根系，为植物供应必需的养料、氧气及水分。NFT的设施主要由种植槽、液池、营养液循环流动装置3部分组成。此外，还可以根据生产的需要和资金情况及自动化程度要求的不同，适当配置一些其他辅助设施，如浓缩营养液储备罐及自动投放装置、营养液加温及冷却装置等。种植槽一般用软质塑料薄膜、硬质塑料板、铁板、玻璃钢或水泥砖等建成。虽然营养液膜技术在设备设计上简单、轻便，更适宜在灵活的空间里应用，但一些弊端也是无法避免的。一方面，深度太浅的营养液虽然降低了液体自身的重量，但植物的根部稳定地浸在少量的营养液中也就越难；另一方面，如果人工监测疏忽则会导致种植槽中的营养液供应不足，这将很容易造成植物的缺氧、缺水，影响植物的健康生长。

深液流技术（DFT）是水培系统最早应用于商业化生产中的技术，深液流水培设施由种植槽、定植网或定植板、液池、循环系统等部分组成。深液流法种植槽是利用水泥砖修砌而成，这种水槽与营养液膜技术的水槽相比，DFT水槽就显得笨重了。深液流技术种植原理与营养液膜技术相近，但与营养液膜水培相比，深夜流技术的营养液深度要深很多，植物的根部被浸泡在深度为5～10厘米的营养液中生长，并且通过氧气加压控制可以促进营养液均衡地循环，避免营养液槽底部堆积有害的残留物，可以为植物生长创造一个较为平稳的环境。深液流水培能生产出番茄、黄瓜、辣椒、节瓜、丝瓜、甜瓜、西瓜等果菜类以及菜心、小白菜、生菜、空心菜、细香葱等叶菜类。

3.2.2.2　气雾培

气雾培是气雾式栽培法的简称，又称气耕法。气雾培是利用喷雾装置将营养液雾化成小雾滴状，直接喷射到植物根系以提供植物生长所需的水分和养分的一种无土栽培技术。它是将根系悬挂在温室的生物箱中，把营养液压缩成气雾状然后喷洒到作物的根系上，使其生长。喷雾的间隔时长为2～3分钟，一次只需喷几秒。根部所需的水分由电脑控制，并且能够循环使用，一般是种3次菜换1次水，使生产成本降低。

运用气雾式的农业种植技术，将农作物的根系处于相对湿度为100%的空气中，而不是放置装有营养液的种植槽中让其吸收养分。气雾培用泡沫板将农作物稳固地支撑起来形成一个封闭的三角空间。喷雾装置主要依赖智能的监控设备向植物的根部每隔2～3分钟喷射1次气状营养液，每次持续几秒钟喷射时间，虽然植物能够接收足够的水分和养料，但电能的大量消耗和设备的高昂价格都是气雾培缓慢发展的因素。尽管如此，与水培种植相比，气雾培的最大优势是植物根系具有充足的氧气，高温季节下根部不会因缺氧而死亡，并且其作物生长速度比一般植物快，大大提高了作物产量和经济效益。另外，操作简便，立体化栽培有益于提高空间利用率，且便于查看和了解作物根部的生长情况。

3.2.2.3　基质栽培

基质栽培是无土栽培中应用最广泛的一种方式，它将作物根系固定在有机或无机的基质中，通过滴灌法给作物供给营养液。有机基质包括草炭、锯末、椰子壳纤维等，无机基质最常见的有沙砾、膨胀陶粒、珍珠岩、蛭石等。栽培基质可以用袋培、栽培沟或栽培槽以及墙体栽培、柱式栽培等方式，种植方法和传统土培相似，将植物根系埋入基质中，吸取养料、氧气和水分。基质栽培的营养液是不循环的，又称开路系统，这样就避免了病虫害通过营养液的循环进行传播。

3.2.3 植物工厂技术

植物工厂技术是设施农业技术发展的高级产物，同时也是迪克森·德斯波米尔提出城市立体农场概念的主要种植技术来源。1957年，最早的植物工厂在丹麦诞生。17年之后，日本植物工厂的技术发展处于领先地位，到1998年，已有近17个植物工厂用于农作物的生产。日本植物工厂学会对于植物工厂的理论给出了这样的解释："植物工厂是在设施内经过高精度的环境控制实现农作物周年连续生产的高效农业系统，是由计算机对植物生育过程的温度、湿度、光照、CO_2浓度以及营养液等环境条件进行自动控制，不受或很少受自然条件制约的省力型生产。"其中，全年无休息的人工环境控制系统是主要的能耗部分，特别是植物生长必需的照明系统所消耗的光能源。由于建筑内部的自然光照时间无法满足农作物进行光合作用过程中所需的光照程度，所以必须采用人工智能的方法弥补缺少的太阳光。现如今，最为节能环保、具有良好的可控性的LED植物照明灯是最先进的室内人工光源。

LED植物照明灯以发光二极管（LED）为光源，以农作物生长发育必不可少的光环境为依据，通过调节光源的品质，为植物的光合作用创造有利的光环境，促进植物生长。与传统的光源相比，

LED的特点主要体现在安全性能好、使用时间长、适用性强、波长固定及零污染的能量转换，对农作物进行光合作用所需的光照调节，更便于控制。LED的主要光源由红光和蓝光组成，植物在进行光合作用时根据自身的生长状态需求有选择性地吸收光谱。当光照不足时，LED人工补光的方式可以促进农作物的生长，如种子在发芽时期，增加适量的红光（600～700纳米）照射帮助种子生长。LED植物照明系统的光源选择在农作物生长最敏感的波段，这一范围的波段可以促进农作物在最适宜的光合作用下处于最好的生长状态，红光波长为620～630纳米和640～660纳米，蓝光波长则为450～470纳米。植物照明灯不仅可以为建筑内部的农作物提供充足的生长光源，并且这些光源对于农作物枝叶的加速分化更有针对性，使农作物的生长周期明显地缩短。

理论证明，LED植物照明系统同样适用于城市立体农场。尽管这项技术一直试用于小规模的范围，即使在植物工厂中使用，也只是最大1 000平方米的应用面积，但这令人憧憬的想法，使得城市立体农场建筑内的农作物不再需要自然的阳光，而是利用LED植物照明灯就可以完成光合作用。因此，每个城市农场的建筑必须配备足够的LED植物照明灯，在阴天、夜间或者日照时间短的环境情况下为农作物的光合作用补充光源。

众所周知，在城市垂直农场里，农作物靠自身吸收阳光是不可能满足生长需要的。建筑立面的4个方向每天接受阳光照射的时间长度各不相同，南侧方向采光最好，而北侧方向一直没有光照，又根据太阳直射角度的关系，建筑内的中间区域也将很难受到阳光的照射，因此，传统农场直接接受阳光普照的表面积要比等面积的垂直农场受到更多的阳光照射。为了使垂直农场里的农作物全年都能够正常运作，势必需要配合更多的人工照明系统和机械设备保持建筑内适宜生长状态的温度和光照环境，因此，大量的能源消耗不仅提升了成本，而且容易导致其他不环保问题的产生。

3.2.4 节能环保技术

现代城市农场的很多设计理念来自生态建筑与节能建筑的思想，在城市垂直农场内部尽可能多地利用太阳能、风能等可再生资源，尽量减少能源消耗，同时也利用生态建筑的理念，尽可能减少系统水分和养分的消耗，精确控制作物生长环境，保障作物最大限度地生长，在尽可能生产出更多健康农产品的同时，为城市提供良好的生态环境。人类在过度开采化石燃料进行生产及交通运输等活动后，不得不寻求新型的能源为城市发展的持续进行提供足够的能源。目前，太阳能和风能是全球普遍利用的自然资源。

3.2.4.1 太阳能

太阳能利用技术是在建筑上安置太阳能光伏板，通过光电转换把太阳光中包含的能量转化为电能。另外，太阳能温室、太阳能塑料大棚等装置也逐渐被推广应用，可以延长蔬菜等作物的生长期，给农业生产和居民生活带来改变。太阳能还可供应建筑物的照明和设施用电以及整座建筑的基本用电。作为一种环保无污染的可再生能源，太阳能取代化石燃料在绿色建筑中的应用是未来能源发展的主要方向，可以分为被动式太阳能与主动式太阳能两种形式。

所谓被动式太阳能，是指利用太阳能提供室内供热，而无须其他机械装置提供能源。被动式太阳能系统依靠传导、对流和辐射等自然热转换的过程，实现对太阳能的收集、储藏、分配和控制。一般来说，被动式太阳能系统选择玻璃、塑料等透明材料和材料颜色较深的蓄热装置来吸收太阳能，并且被安装在朝阳的方向，使这些蓄热装置最大限度地储存太阳能。阳光透过透明材料照进建筑室内，其原理就是我们常说的温室效应；同时人们根据深色的物体表面比浅色表面更能吸热的原理改进被动式太阳能系统的设计元素。

另外，建筑不是单独存在的，与其空间布局、形体、建筑材料、地理条件、外部环境、使用人群以及城市经济状况等构成一个建筑的生态体系，这些因素都或多或少地影响被动式太阳能技术的利用。而对于建筑自身来说，被动式太阳能技术主要体现在建筑围护结构方面的节能设计，如屋面、外窗、外墙、户门、隔墙及地面。每一类型的建筑围护结构都可以从诸多设计元素中节省能源消耗，提高被动式太阳能利用率。但在现实应用过程中，各种外界因素都可能导致被动式太阳能系统的低效运转。一般情况下，建筑还需要配有主动式太阳能供能装置来满足建筑的需求，如太阳能电池板、集热器等。

主动式太阳能与被动式太阳能正好相反，它是利用机械装置来收集、储藏、分配和控制太阳能热量的方法，如太阳能光电板式发电机、太阳能热水器等。如今，在很多绿色节能建筑中，我们会发现主动式太阳能系统的应用要比被动式太阳能系统多。原因是从建筑设计方面考虑，设计师只需要将收集太阳能的空间预留出来，待设备安装完成之后就可以投入使用，但仍然存在高成本的投资问题，如每平方米吸收太阳能的光电板的价格就高达2 000元。由于太阳能高新技术的发展，现在更多的是太阳能与建筑一体化的综合应用，太阳能电池板不再局限于放置在建筑的屋顶，而是与建筑物围护结构完美结合，作为建筑外表皮材料的一部分体现在建筑立面设计中。一般情况下，如果太阳能与建筑一体化系统中的电池板被安装得比较密集，电池板的周围没有多余散热的空间，会导致电池温度过高，影响其发电效率。

此外，太阳能电池板倾斜角度的设定要考虑到各种天气因素的影响，最好可以随着太阳光照的移动而改变。有实践活动可以证明，放置在南向的电池板在我国香港地区接收太阳光的最佳倾斜角度为17°，这与当地的纬度不相符。太阳能与建筑一体化系统还具有一个智能化的特点，就是阴天下雨的时候，电池板不可能吸收到足量的太阳能供应给建筑用电，当电池板的储能被用尽的时候，这种主动式太阳能系统能够自动转换成天然气供应模式，等到天气转晴、光照强烈时再次换回太阳能系统模式，满足供能的需求。

3.2.4.2 风能

未来，全球面临的粮食紧缺和人口增多的问题可以利用城市垂直农场的建造得以解决，但如此巨大的建筑本身就是一个能源消耗的集成体，从而也更加重了全球性资源殆尽的压力，因此，各国对于新能源的开发和利用早已加快了步伐。目前，继太阳能技术在一些建筑上被应用外，风能这一干净环保的可再生能源也是未来供能资源的一个重要发展方向。风能的利用主要通过风力发电装置的风能转化成机械能再转化为电能的转化过程。也就是说，风能越大用于发电的能量也就越大，因此，旷野、高原、沿海等多风地带是风能开发的最佳场地。从设计角度出发，提供建筑的能源供应一般是太阳能和风能两种技术的综合运用。在城市垂直农场方面，垂直农场建筑多处于城市高层、超高层建筑集中地区，这些高大的建筑群体阻碍了风向的流畅通过，从而形成的漩涡状气流也是城市中的巨大能量来源。

城市垂直农场自身提供能源，在应用技术上是否可行？建造一个庞大的垂直农场需要高端的技术、先进的设备以及全天24小时专业人员的监管，其成本太高。现在，许多不可再生能源面临殆尽的问题，我们已经面临能源大战，如辽宁省和吉林省，在逐渐用乙醇代替汽油供机动车使用，并且各个城市已经出现了大量混合动力汽车和电动汽车。而在城市建设方面，绿色节能建筑比比皆是。有些地域拥有得天独厚的自然资源，例如，中国的内蒙古大草原终年刮风，草原上随处可见的风力发电站，还有沿海地区和美国的中西部地区也处于多风地带，利用风能产生能量发电；像意大利、新西兰、美国南加州以及非洲东部的一些地区可把当地独有的地热资源应用到垂直农场里；如果垂直农场被建造在光照强烈的沙漠或者高原地区，人们可以把太阳能转化成植物生长需要的能量。目前，还没有有力的证据说明建设一座城市农场的综合成本比传统的农业生产及运输成本要划算。

3.2.4.3 生物质能

生物质能主要是指植物通过叶绿素的光合作用将太阳能转化为化学能储存在生物质内部的能量。目前发展中的开发利用技术主要是，通过热化学转换技术将固体生物质转换成可燃气体、焦油等，通过生物化学转换技术将生物质在微生物的发酵作用下转换成沼气、酒精等，通过压块细密成型技术将生物质压缩成高密度固体燃料等。在城市农场中，运用植物的根、茎、叶进行发酵后可提炼酒精，残料又是经过降解的具有丰富营养的有机肥料，继续投入作物种植中进入循环系统。这种生物原料的综合利用创造产生的再生能源——酒精，可成为交通燃料，而生产1 000万吨的酒精需要2 700万吨粮食，投资150亿元就可以得到1 000万吨燃料酒精，相当于近1 000万吨汽油，与此同时，可至少增加50万人的就业机会。

开发利用可再生能源是保护环境、应对气候变化的有效措施，也是实现低碳发展、可持续绿色经济的重要途径，城市农场在建设时融入清洁能源的理念具有前瞻性的意义。

3.2.5 有机废水废物资源化处理应用技术

城市农场作为高品质和高产量食物制造的一个场所，更多地需要思考建筑设计和生态环境对城市农场的作用。城市立体农场从食物生产到消耗是一个有机的生态食物链循环体系，在建筑内可以完成人类日常活动、农业的生产和能源的再生及消耗。在这个体系中，通过收集来的雨水、生活污水和工业废水经过分解、过滤处理为可再使用的中水，为城市农场的农业灌溉、生活用水供应充足的水资源；农业生产和食品加工之后残留的植物废物、禽畜和鱼类养殖剩下的粪便，可以通过生物技术处理制成无污染的清洁能源——沼气，沼液和沼渣又是环保的有机营养液和肥料，为农作物的生长提供高成分的营养物质，这些有机废物的综合利用为建筑资源循环系统提供能量。

3.2.5.1　城市有机废水循环再利用

尽管地球表面7/10的面积都被水体覆盖，但随着城市化进程的快速发展，淡水资源的供应给城市造成了越来越大的压力。如今，水资源的紧缺已成为继不可再生能源过度开发之后全球性最为紧迫的问题之一。水资源的紧缺问题已不单单影响到人们的日常生活，且更严重限制了全球的未来发展。新加坡是一个淡水资源极其缺乏的国家，自从成为一个独立发展的国家之后，争取水源的自给自足成了新加坡的重中之重。经过几十年的不懈努力，新加坡成功改写了自身缺水的历史，更连续召开了多次国际水博览会。在会议上，各国的大型公司、学者及专家都积极前来研讨丰富淡水资源的技术问题，也使得新加坡成为全球的淡水枢纽中心。城市立体农场在水资源循环再利用方面通过雨水收集、城市污水处理这两个技术来实现水资源的循环再利用，彻底解决城市用水紧张的问题。

（1）雨水收集系统。雨水是一种较为干净的水资源，以往对雨水常常忽略，使其形成径流直接排走，造成了资源浪费。顾名思义，雨水收集即是按需求对雨水进行收集，并经过适当处理后重新加以利用的一种资源回收利用技术。20世纪80年代起，欧洲及日本等发达国家陆续开展了雨水收集研究，尤其是降水较为丰富的德国已经发展成为世界上雨水收集、处理、使用最为先进的国家之一。目前，雨水收集技术已经比较完善，在德国已经形成一套完整实用的理论和技术体系，甚至形成了相关法律。雨水收集按收集位置可分为屋顶雨水收集、地面雨水收集、渗透池雨水收集等，多数包括过滤、蓄水、净化等系统。现在雨水收集作为一项水资源节约技术已经运用在单体住宅雨水收集中水系统、小区整体雨水收集中水系统、雨水渗透系统、屋顶花园雨水利用系统、生态小区雨水利用综合系统等，而这项技术也可直接用于农业灌溉等方面。

城市垂直农场多应用于高层或超高层建筑，收集和再次使用建筑屋顶的雨水，一是可以充分利用雨水资源减轻全球淡水资源匮乏的问题；二是可以将高处收集来的雨水通过由高到低所产生的重力势能转化为电能资源，而用于发电后的剩余雨水再次流入楼底部的蓄水池中，二次利用作为非生活用水，这样不仅可以节省电能、节约自来水，还达到了保护环境的效果。其雨水收集系统的工作原理是将建筑楼层表面的雨水依靠重力集中落下，流经排水管道后的雨水再经过过滤器的处理汇集到集雨装置中，当水箱中的储水达到一定容量时，浮标式阀门自动打开，雨水下落并冲击水轮发电机的过程将产生电能，而当水位少于一定高度标准的要求时，阀门再次自动关闭，集雨装置继续蓄水。

（2）城市污水处理系统。每座城市每日都会产生大量的工业污水、生活污水，通过城市的下水道排放到河流。许多城市为了整治污水处理问题，建造污水处理厂，改善下水道系统，治理得到了很大的起色。城市污水处理系统是一套收集固体和液体废物，避免其接触城市人口和饮用水系统的地下管道系统。城市污水主要包括生活废水和城市有机废水。城市污水处理系统的工艺流程比较复杂，经过物理、化学或生物处理后，才可以作为中水和饮用水供市民继续使用。综合考虑处理系统过程中的造价、成本、成效及水体品质等因素，城市污水处理系统一般采用物理法和生化法的处理方式，也可以称为一级处理与二级处理。物理法污水处理方式主要使用除渣机、沉淀池、沉沙池、水泵、筛网、格栅等设备。

目前，大部分城市应用的污水处理技术多使用活性污泥法，也是主要的污水生化处理法，即属于二级处理。污水生化处理的原理是在生物，特别是微生物的作用下，使污水中残留的有机污染物通过分解、合成转化为可再利用的甲烷气体、干净的水和生物固体污泥。如果生物污泥在池子底部沉淀的量过多，则需要采用固液分离的措施将额外的生物污泥除掉。物理法和生化法处理方式的结合使用可以使污水中含有的90%以上的有机需氧污染物和悬浮物除掉，净化后的污水可以作为中水再次使用。

利用人工湿地处理技术也可以独立完成城市污水的处理。在城市农场中，人工湿地在处理污水的同时可以生产水稻或养殖鱼类。城市污水被输入到水处理系统，经过厌氧反应器的反应，其过程中通过化学分解产生的甲烷燃烧可以为发电机的运转提供一定的热能和电能；而高浓度的二氧化碳正是绿色植物进行光合作用所需要的原料，随后植物制造的氧气一部分排放到大气中，可以改善城市空气质量，剩余的少量再次发生作用转化成好氧或厌氧微生物，为植物生长提供必要的养料。

3.2.5.2　城市有机废物处理

环境科学和微生物学教授迪克森·德斯波米尔在提出城市立体农场概念时，针对全球性废物处理的现状给出了这样的描述：无论是发展中国家还是发达国家，全球很大一部分城市对于固体废物的处理都无法满足社会公共卫生的要求。即使在城市中，人们也经常会发现未经过处理的固体垃圾直接被堆放在街角或者空地上，这些裸露在大气中的废物滋生出的病原体会对人们的健康造成危害。相对较好的情况是，发达国家对回收上来的废物首先进行分类再处理，而在我国大部分地区，固体垃圾的处理方式普遍还处于填埋和焚烧的初级阶段。

以纽约为例，城市中有超过21 000家的餐饮服务场所，它们会产生数量巨大的有机废物，这些有机垃圾需要城市垃圾处理车运输到城外进行处理。无论焚烧还是填埋，这两种处理方式都不同程度地对自然生态环境造成巨大破坏的影响，如果人们想缓解这些危害则需要花费更多的金钱和精力。目前，个别国家发展有机的城市废物处理系统，主要为生物处理方式，将城市中的生活垃圾、农业生产剩余的废物采用厌氧发酵技术实现废物的资源化处理，在废物被分解、过滤的同时，使其有用的元素转换成再生能源继续在循环系统中使用。

（1）有机废物与生物利用技术。在城市农场概念设计中采用最多的厌氧发酵处理系统是生物利用技术的类型之一，其中生物质作为生物利用技术原料的主要来源。以“把农业搬进大楼里”为发展战略的城市垂直农场，其建筑内将不间断地进行农业生产和食品加工，在这种情况下不可避免地会产生大量的剩余废物，如植物枝叶、动物粪便等，这些生物质都可以转化成生物质能。除此之外，城市垂直农场其余的生物质能还来源于能源消耗与日常生活所产生的大量废物。为了资源化地处理城市废物，在城市农场领域中，普遍使用的厌氧发酵也就是沼气技术。在这个过程中，有机垃圾被分解腐化，除去有害物质，变为性能稳定pH值约中性的高质量有机肥料。这种方式为城市有机废物处理创造了一种可持续发展的新路径。除此之外，生物利用技术还包括固体燃烧成型技术、生物质直接液化技术与生物质能燃烧发电技术等。

（2）沼气技术。通过厌氧发酵制造沼气，是生物利用技术和农业生产的完美结合。在微生物把有机废物消化成沼气和二氧化碳的过程中，具有能耗低、产能多、不需要空气作用等优势。在迪克森·德斯波米尔的城市立体农场概念中，沼气可以作为立体农场生产系统中的能源之一。现阶段，立体农场中主要利用营养液种植技术来进行农作物的生长发育，沼液中含有的少量微量元素可以传输进营养液中补充给农作物，但沼渣并不适用于农作物的水培种植。而对于实际的农业生产过程，城市有机废物经过厌氧发酵所产生的沼液和沼渣都有利于农作物生长能力的提高。沼液就好比农作物所必需的肥料，沼渣可以看作是一些植物的生长介质，沼气、沼液及沼渣三者的有效应用，使得更多的有机废物循环再生，因此，沼气技术具有无限的效益潜力。

综合分析沼气技术在城市农场领域的应用，其具有以下4个用途：一是沼气是无污染的可再生能源，其能量既可以保持城市农场室内温度的稳定又可以用于照明，剩余的沼气能够继续供应给城市其他地方；二是沼气可以帮助粮仓内处于低氧状态，有利于粮食的储存；三是沼气具有减弱蔬菜、水果呼吸强度的能力，使其保持新鲜可口；四是沼气燃烧产生的热量和二氧化碳是植物工厂控制室内温度环境的必要条件。

目前，沼气发酵残留物主要在肥料和饲料、生物农药、培养料液4个方面被利用。沼液中除含有氮、磷、钾植物生长三要素外，还含有一定量的微量元素和对动植物生长有调节作用及对某些病虫有杀灭作用的物质，这些物质可渗透到生物细胞内，刺激动物、植物的生长和发育。由于沼液无毒、无残留，且具有较高的营养成分，因此，可以将沼液多方面利用促进农作物的生长。一是作为天然的有机肥液浇灌土壤、滋养农田；二是作为营养液提供植物必要的生长元素；三是可以浸泡种子，缩短出芽时间、增强生长能力。沼渣质地疏松，富含有机酸、腐殖酸、粗蛋白、氮、磷、钾以及多种微量元素和矿物质，在农业生产中应用广泛。沼渣与沼液一样都具有含量高、种类多的营养元素。这一重要的特点使得沼渣不是废物，而是高品质的有机肥料，不仅可以帮助农作物提高总产量，改善农田的生态结构，还是蘑菇和灵芝优质生长的天然介质。

3.2.6 灌溉技术

城市农场的植物灌溉可以采用微喷、软管滴灌和管灌等方式，滴水量可以根据土壤的湿润度以及蔬菜的长势情况灵活掌握。一般来说，当屋顶菜园面积达到一定规模，便可以使用滴灌，这也是目前公认的最有效的节水灌溉方式。因为滴灌能做到适时地供应作物根区所需水分，不存在外围水的损失问题，水的利用效率大大提高。灌溉可方便地结合施肥，即把化肥溶解后灌注入灌溉系统，肥料养分直接均匀地施到作物根系层，真正实现水肥同步，大大提高肥料的有效利用率，同时因是小范围局部控制，微量灌溉，水肥渗漏较少，故可节省化肥施用量，减轻污染；运用灌溉施肥技术，为作物及时补充价格昂贵的微量元素提供了方便；滴灌系统仅通过阀门人工或自动控制，又结合了施肥，故可明显节省劳力投入，降低生产成本。

当然，植物的灌溉技术一直在不断地发展和提高，在屋顶菜园灌溉时，也可以采用全自动灌溉系统模式，它可以利用电子计时器定时灌溉，同时使用土壤湿度感应器，当土壤干燥达到一定的危险值时自动启动灌溉系统。应用到城市农场中的技术主要有种植箱应用技术、自动滴灌节水技术、营养液配方施肥等。位于上海浦东新区的上海孙桥现代农业开发区，采用无土栽培、营养液配方施肥、喷灌滴灌等方法，并结合可移动种植箱、简易种植箱、可拆卸种植箱等容器，开发生产出蔬菜、瓜果、花卉、食用菌、国产熊蜂、林蛙等200多种农产品，并已出口至日本、澳大利亚、美国等地。

3.3　城市农场的规划设计要点

3.3.1　城市农场规划设计面临的问题及对策

在城市中引入农业景观设计，需要考虑的因素很多，不单单是设计中植物的选取、景观的营造、空间的组成等问题，还要考虑到城市农场景观所涉及的作物产出的问题，其中最典型的就是生产性农业植物的种植管理、收获及分配等问题，城市农场设计过程中可能面临的难题包括如下方面。

第一，如何避免传统观念所带来的影响。传统的观念固执而片面地认为农业耕种不应该出现在城市当中，在现代城市环境中进行耕作不符合时代发展的潮流，甚至错误地认为是阻碍城市发展的因素。城市农业景观作为一种可持续性的生态型景观，符合我国国情，也更值得我们在实际设计中加以参考利用。

第二，如何实现设计与农业生产相结合。城市农场景观怎样做到满足人们对于当代城市绿地景观审美的愿望，同时又能得到高产量的经济效益和社会价值，即如何能将城市农业景观的生产功能与审美功能相结合，是设计中面临的另一个重要的现实问题。

第三，如何通过设计降低管理难度。城市农场作为一种具有经济价值的景观类型，最明显的特点就是能产出农作物，而农作物的产出涉及分配问题，其管理方式与现有城市绿化的管理方式存在诸多不同。当今城市人口密集，管理不好会造成混乱。因此，城市农场设计与管理需要结合在一起考虑。目前，城市农场景观设计还处于初级阶段，如何通过设计减少日后管理成本和管理难度是设计过程中面临的最大问题。

虽然城市农场的规划设计面临很多问题，但规划设计与建设者要集思广益、深入研究思考，可以用以下方法，有条不紊地推进城市农场建设。

第一，集思广益，运用多视角的设计模式。设计前期，耐心听取决策者、管理者的要求，征集使用者的意见、建议，以此作为设计的参考依据，此过程实质是一次设计模拟的过程，以保证完成的设计有利于简化管理维护人员的工作，融入大众需求的设计足够吸引市民的参与，避免仅以设计师看法为主的弊端。

第二，处理好人地关系。通过空间环境的设计，使农业景观与人保持合适的距离以达到所预期的效果。封闭或半封闭的空间要使人与生产性农业植物产生一定的距离感，避免被其破坏或采摘，保证城市农业景观的完整性；开放的空间拉近植物与人的距离，随之产生人与地的互动关系。同时，还要考虑周边环境因子变量、该区域城市污染物质，在污染严重的区域，宜少种植叶菜类等食用性农作物。根据所在区域的土壤物理化学性质不同，导致生产类型选择的基础不同。另外，所在区域人群的组成、逗留时间、参与程度也是考虑的重要因素，根据白领、学生、老人、儿童的爱好来选择规划策略。

第三，采用多元化设计模式。赋予城市农场景观多重功能，使城市绿化景观具有生态、教育、休闲、娱乐等多重功能并与生产性相结合，通过对城市农场的劳作达到各种功能性的体验，并注重趣味性与互动性的设计，提高市民关注度。多元化设计要注重农业经验融入美学文化中。通过农业生产者与艺术家的配合，使城市农场在保证高效生产性的前提下，既要满足大众对于城市景观的审美要求，又要使整个农场空间充满艺术氛围，加强大众对其的喜爱度。同时，还要考虑地域文化特色。地域气候中的水分、光照、群落结构都是重要的参考变量，这些特征决定了城市生态系统结构的最大可能，因此城市农场景观需要和所在地域、环境相适应，尤其应重视地方的农业传统。

第四，采用渐进弹性设计的方法。渐进设计是指城市农场的设计和建设要顺应人与自然的适应过程，在没有普遍被大众认知，或是对大型整体城市农场没有把握的时候，可以采用局部应用或是混合应用小型城市农场，以试验的方式进行推广设计，这样可以避免严重错误发生。同时，如果设计产生并非我们所期望的结果时，可以及时地撤销现有设计以避免造成损失，也避免或降低对环境造成影响。具有农业生产元素的景观因为兼顾生产功能并具有经济价值，要实现合理的使用预期和管理一直具有较大的难度，这就需要在设计中充分考虑具体操作与管理的问题，通过精心有目的的设计来减少管理的成本和难度，减少在以后的使用过程中发生不必要的麻烦。

3.3.2 城市农场的设计方法

城市农场设计方法的提出基于当代景观设计视野下的设计理论，主要包括生态设计理论、可持续规划设计理论和人性化设计理论等。生态设计即任何与生态过程相协调，尽量使其对环境的破坏影响达到最小的设计形式，遵循“3R”原则，即减量化（Reduction）、再利用（Reuse）、再循环（Recycle）。生态设计活动主要包含两方面的含义，一是从保护环境角度考虑，减少资源消耗，实现可持续发展战略；二是从商业角度考虑，降低成本，减少潜在的责任风险，以提高竞争能力。可持续规划设计是一种构建及开发可持续解决方案的规划设计活动，均衡考虑经济、环境、社会等问题，来思考设计引导和满足消费需求。可持续的概念不仅包括环境与资源的可持续，也包括社会、文化的可持续。人性化设计是指在设计过程当中，根据人的行为习惯、人体的生理结构、人的心理情况、人的思维方式等，在原有设计基本功能和性能的基础上，对设计进行优化，力求从人体工程学、生态学和美学等角度达到完美，人性化设计理论主要包括功能主义、人本主义和人文主义等方面的内容。

在高楼林立的城市建设城市农场，“安全”是建设的保证，“实用”是城市农场的造园目的，“精美”是城市农场的特色。在城市农场的景观设计中，需要充分考虑与景观美学、景观形态学相关的设计因素。根据芝加哥城市农业屋顶花园、纽约“鹰街屋顶农场”等成熟设计案例的设计经验和笔者参与的相关项目经验，提出以下几种城市农场的规划设计方法。

3.3.2.1 充分的场地分析

在设计初期，首先需要对所设计的场地进行必要的现状分析和周边环境分析，了解周边的建筑使用情况和功能用途，以此定位需要设计场地的主要功能、使用人群、设计尺度等，对周边建筑的朝向和风向的把握，也有利于为日后农作物的种植分布等做好基础工作。

3.3.2.2 准确的功能定位

对城市农场的功能需求要有清晰的定位，即是为谁设计、设计目的是什么。目前，公共空间里的城市农场业主多为企业，修建功能主要为员工创造休闲娱乐的放松环境、为企业宣传、收获农作物果实等；而住宅屋顶或阳台的功能定位则多为住户蔬菜种植或休闲娱乐。为城市农园解决功能定位需求以后，可以进行“城市农园”的主题风格定位、空间布局定位、蔬果植物与景观植物种植比例搭配设计等。

3.3.2.3 个性化的设计风格与主题设定

根据空间定位的不同，城市农场的主题风格和设计理念方面也会不同，城市农场的设计风格与一般的花园或陆地的景观设计差别不大，一般都可以实现，例如，现代中式风格、日式风格、泰式风格、意大利式风格、地中海式风格或者法式风格等，也可以根据业主的喜好和成本控制而定。

在一些实际案例中，需要与业主讨论协商，确定城市农场的主题和风格。最重要的是要把田园意境融入设计，将传统的农耕文化与现代时尚的环保理念相结合，以此为都市人提供一种绿色生活方式，打造都市人的田园梦农场。

3.3.2.4　尺度适宜的平面布局设计

不同业主对城市农场平面的功能布局要求会有所不同。对于一般的城市农园，蔬菜种植区应占到50%以上，景观植物区可占30%，而剩余的20%则可以分配于休闲服务项目。平面设计过程中，要充分结合景观设计的一般方法和空间组合规律，根据农园的风格主题做好平面布局，合理的“城市农园”的平面布局设计是成功建造“城市农园”的关键。

为呼应主题，在农园总平面的设计过程中，需要经历一个漫长的、反复的推敲过程。总平面图不仅要将水、田与农作物等的农业元素充分运用其中，还要将一些企业、业主的文化和技术的展示区设计在内。

3.3.2.5　科学与美观的蔬果植物配置方式

城市农场在植物栽培方面有其特殊性，它的植栽主要分两类，一类是蔬果型植栽，另一类是景观型植栽。设计者要清晰地意识到两者在城市农场中的主次位置、数量比例和景观要求。即便是以蔬菜种植为主要功能的“城市菜园”，也要按照一些城市花园的设计原则来设计，以保证城市菜园的美感和观赏性。蔬菜的选择和搭配可以在蔬菜种植区的平面构成、色彩变化、高矮空间错落等方面加以考虑，在符合农业基本条件的前提下，设计师应充分发挥创意和对美学、景观生态学等方面的综合知识运用能力，投入于城市农场实践之中。

在蔬菜水果的品种选择过程中，要以选择适合当地气候、土壤、干湿度的苗种为主，当然在满足上述条件下，还应尽量避免选择植株个体大、水肥需要多的品种，充分考虑到植物成熟后的最大高度、根茎的扩散范围和延展长度、耐旱和抗涝能力、预期的生命周期、植物的种类混合以及更换植物的难易程度等。不仅如此，更加考验设计师的是，要在权衡上述植物选择的过程中，达到一定的预想的美学效果，使“城市农园”在满足食用、经济功能的同时，满足审美、休闲等功能的实现。一年四季都适合种植的蔬菜有四季葱、韭菜、观音菜等，而春季可以选择种植的蔬菜有小白菜、茄子、四季豆、莴苣、丝瓜、长豆角、番茄、甘蓝、空心菜、苋菜、辣椒等；在秋季适合种植的蔬菜有大白菜、芥菜、花椰菜、茼蒿等蔬菜。除此之外，还可以种植一些品质较好、市场上价格较高的蔬菜品种，比如甜椒、西蓝花、奶油番茄等；或者种植一些观赏性效果较好的蔬菜，如玛瑙番茄、五彩椒等。

3.3.2.6　综合性的景观植物设计形式

城市农场中的景观植物主要起辅助作用，其目的在于提升农园的视觉观赏性和美观性，营造良好的景观氛围。可以集中种植，也可分散种植。对于分散型的景观植物，要注重其尺度大小和空间效果，对于需要相对集中种植的景观植物，可以对其进行细分，按照一定的规律进行种植和设计，也可以尝试利用水培、垂直绿化等手法进行设计。

3.3.2.7　可回收再利用、可移动的种植容器设计

在城市农场设计时，种植桶既可以突出植物和蔬菜，将其作为设计亮点，同时也可以作为色彩丰富的蔬果植物的临时住所，在不

开花或结果的季节，既是一个漂亮的装饰元素，同时也体现了整个城市农场的格调、风格与业主的品位和喜好。如果能充分利用生活废弃物品，体现的更是一种智慧和低碳节约的环保理念。生活中废弃的罐子、桶和盒子等作为空中菜园的移动种植容器，普遍适用于屋顶平台、阳台和走廊等空间。移动的容器种植区是最适用于商业模块化运作和推广的模块化设计模式，特色和成功的移动种植模式很容易被复制和改良，快速地运用于其他“城市农园”地块。采用移动容器式绿化种植方式，可以有效地解决种植土层过薄的问题和果树植物根系过于发达、容易穿透屋顶防水层的问题。

3.3.2.8 适宜的室外休闲设施设计

面向公众开放的城市农场，应该按照人体工程学原理进行家具设计，使人们使用起来尽可能地舒适，室外休闲设施包括圆桌、方桌、单人座椅、长椅、遮阳伞、健身器材等。家具需要承受天气的变化，以免恶劣天气对其造成的损坏，影响视觉效果和使用寿命。一般情况下，塑料或铝制材质的休闲设施较为适合；而木质家具容易风化变形，甚至散架，成本也相对较高，不适宜在城市农场中广泛应用。还应注意的是，在恶劣天气里，要及时将一些轻质的、贵重的休闲设施搬离，以免造成经济损失或人员伤害。

3.3.2.9 功能性照明与装饰性照明并存的照明设计

照明设施主要分为为夜间提供亮度的功能性照明和外观优美的装饰性照明。功能性照明灯光在夜间会给植物和菜园中的构筑物带来绚丽美妙的效果和心灵感触，营造出不同于白天景色的城市农场。值得注意的是，尽量在前期规划设计和施工过程中铺设好照明管线，这样可以在工程后期节省大量成本和时间。而装饰性照明可以在一定程度上起到景观小品性质的装饰效果。除此以外，一些农场还安装了太阳能灭虫灯。

3.3.2.10　清晰醒目的标志与导向系统设计

城市农场最好具有清晰醒目的标志与导向系统，便于观赏者快速地走入想要进入的区域。如果在农作物旁边摆设导视牌，可以使观赏者更清晰地了解植物，获取基本的农学知识。而在禁止进入和采摘等地方置入提示性标语也是十分必要的。标志系统的材质完全可以选用现有的废旧材料，节约成本，体现低碳、环保的主张。

3.3.2.11　美观大方的地面铺装系统设计

城市农场的地面铺装，至少在两个方面需要给予特别关注。一方面，一般情况下，中心区屋顶上的花园往往容易被周边高楼的更高层看到，间接为他们提供视觉欣赏，起到精神放松的作用，因此大色块和大规格的纹案较为适宜城市农场。另一方面，地面铺装的选材也需注意。不建议在城市农场的人行道路上运用松散的沙砾，否则容易被人们踢散，造成回收和清理的困难；风化的花岗岩也不适宜，因为其暴露于空气中的表层组织很容易被强风吹散，影响周边环境；此外，沥青路面也不适合或不可能在城市农场中运用，因为它需要重型机械来碾轧以实现路面的光滑，建筑屋顶也无法承受，其他类型的农场也会因重型机械的碾压影响农作物种植。像芝加哥城市农业屋顶花园的小路就是利用可回收牛奶容器做成的塑料仿木铺成的，既轻巧又具有创意，同时低碳环保。

3.3.2.12 重点区域的立面设计和节点考虑

对城市农场的入口区、防护栏杆、展示区、特色服务区等要十分重视，尽量做到重点突出、特色分明，而且在设计过程中要进行一定的草图绘制辅助和相应的节点补充。

（1）入口区设计。入口区要做到标志醒目，同时给人以亲切自然、回归田园的感觉。如某空中菜园采用的是垂直绿化方式，白色立体的“V-ROOF”字样挂于入口的垂直绿化之上。

（2）展示区设计。例如，一家专业开发并制造全屋净水设备、软水设备、商用净化饮水设备等产品的公司建设的屋顶菜园，设计的展示区即为一个水净化展示区，而用于展示的材料也均为工业废弃物。

（3）防护栏杆设计。在城市农场周围必须有符合规范高度和强度的护栏，一般高度不低于1.1米，而为了美观效果，防护栏的设计最好与菜园整体风格相协调，可以设计成“篱笆”造型。

（4）农耕文化与环保理念融合的特色服务区。将农耕文化融合环保理念，用现代艺术手法装饰城市农场。农场的“软装饰”可以包括垂直绿化、水培区、农耕装置、“落叶堆肥”“动物之家”等。“落叶堆肥”区即在城市农场的某个角落设计专门的收纳区，将落叶收集储存，经发酵后作为田地里的天然养料，而“动物之家”可与美国纽约的“鹰街屋顶农场”的蜂房和鸡舍相类似，采用通透性围篱和特色木制作鸡舍和蜂房。

（5）画龙点睛的雕塑小品设计。在所有的景观设计项目中，雕塑小品的运用是一项重要元素，特别用来突出一个花园的特色，或是创造一个视觉焦点。雕塑小品的设计要根据城市农场的风格与主题定位进行设计。在屋顶农园设计中，如果雕塑的重量没有超过屋顶的承载力，便可以放心地加以运用。旧金山市的建筑法令规定，凡是公众资助兴建的建筑，其成本中必须有1%用于艺术设计。根据这项规定，SWA景观设计公司在给内河码头设计屋顶花园时，就把雕塑作为重要装饰手法。

3.4　城市农场的后期维护与安全管理

3.4.1　建立城市农场档案

建立种植档案，实时记录农场的生产情况和进度以及环境情况，让农场管理人员根据记录管理农场。定期监测水分、湿度、pH值、CO_2浓度、光照强度等环境数据，为管理者提供依据。

3.4.2　种植与农资管理

依据市场需求、当前种植和土地空闲，进行高效生产。制定种植计划、种植标准，并严格按照计划和标准进行生产管理。科学制定生产操作规范，生产（加工、储运、销售）优质、高效、生态和安全的农产品。

严格控制种子来源，购买和使用的种子必须具备种子生产许可证、种子质量合格证，引进种子必须有检疫证明；尽量使用生物肥料和生物方法防虫、控虫，如需使用农药、化肥，严格按照国家《农药合理使用准则》和《农药安全使用标准》执行，严格执行禁（限）用农药以及安全间隔期的规定，不得超范围使用农药和随意加大用药量。

3.4.3 人身安全防护

注意人身安全，城市农场不仅有在地面的社区农场，还有屋顶、阳台和建筑物墙面、建筑物室内等类型的城市农场。因此，这类农场一定要设置高度不低于1.1米的护栏，要做到“三不”，即没有护栏的不种、不让过小的孩子跟随、雷雨天和黑天尽量不进行生产管理。此类农场进行种植作业可以说是一种空中作业，这明显比地面种植危险，必须严格依据标准行事。

3.4.4 杜绝二次污染问题

在农场种植方面，还要注意二次污染问题，应考虑环境卫生，及时清理残枝落叶，多用经过腐熟的有机肥料，未及时使用的肥料应该将其包装好，平时更应该及时清除掉枯枝病叶，以防止蚊虫滋生。不宜选择过于松散的基质进行屋顶栽植，尤其是像北京等气候较为干燥、风沙较大的城市应当引起注意，否则很容易造成高空飘尘污染。在植物选择上也要注意城市卫生，不易选择产生大量飞絮的植物，以免给市民带来不便。在城市农场的建造和施工过程中，也要避免倾倒各种对环境造成污染的废弃物，做到文明施工。

3.4.5 维护中心设计

城市农场除了生产功能以外，休闲娱乐是其主要功能之一。因此，在城市农场中，考虑到人们休闲活动和景观美化效果的需要，园灯、音响、喷泉等设施设备也是必不可少的。因此，在城市农场的设计施工中，必须详细考虑管线布置的合理性。城市农场的养护管理包括植物养护管理和水电设施管理等，在建造城市农场时，一定杜绝“重建轻养”的观念，即重建造、轻管理，否则，植物的成活率不高、容易生长不良，也可能会造成建筑的破坏，存在安全隐患。

城市农场如果建在公共空间里，并具有一定的规模，则需要专门的养护人员照料，因此城市农场的维护中心是必不可少的。如果维护中心距离菜农园过远，甚至在大楼内部，势必会造成工作的不方便。一个维护中心还必须具有一定的储藏作用，随时搬运菜农园所需的材料或物品。一方面会造成大楼内部不必要的混乱和拥堵，另一方面也会影响大楼内部的整体形象和整洁程度。因此，建议把维护中心设置在城市农场的一角，并且不应太醒目，最好不易被参观者和游览者察觉到。

3.5　城市农场的组织管理与推广

3.5.1　城市农场的组织管理

虽然离不开各种机构的扶持，但城市农场的运行是高度自治的互动式运作，社区居民都有权利参与农场的运行与管理。正是这种基于居民基本需求和民主式的决定方式形成了城市农场的特殊性，但是这种管理方式对规模有明确的要求。人数过多难以保证所有人参与、组织和达成共识，且成员之间不宜熟识和交往，同时会影响会员的私密性，而人数过少则不利于项目开展。由于在社区的构成上，我国社区与国外的社区有着较大的差异，难以直接搬用国外城市农场的管理模式。但是在管理方面，合作居住的社区管理方式与合作型农园有着很大的类似性，可以吸取并引进这种合作社区的居民参与式管理，用于城市农场的组织管理。

“合作居住”起源于丹麦，是20世纪60年代出现的一种居住模式。社区通常由20～30户组成，除了个人住房以外还有一些公共的设施，如公共厨房、广场、游乐设施等，一些社区还配有城市农业。“合作居住”社区旨在创造平等的社区，力求所有居民参与社区的规划、建设、运营、维护保养、公共活动。

社区的管理中常采用共识决策模式的非等级结构。在“合作居住”社区中，共同决策模式通常有以下原则：一是成员需要充分听取并理解其他每个成员的想法；二是成员公开发表不同的想法，在研究分歧和可能性后，达成最后的共识；三是以具体问题的形式达成初步共识，同时保证每个成员的全面认同，而不是沉默式的表面同意；四是给予和鼓励沉默的参与者表达的机会，集思广益；五是重视较大的分歧，这些分歧常常能引发创造性地解决方式；六是协议如果过于容易达成，则要特别注意决策中是不是每个人都真正参与；七是协商决策并不意味着必须每个人都完全同意，而是找到一种解决办法，令所有参加者可以接受或至少愿意尝试。住区中以整个住区为单位会使组织过于庞大，德国法律要求的社区花园普及率为1/10的家庭，参与划拨农园宜以20～30户、一栋或几栋为一个单元，选举出农园委员会分别管理，形成整个社区的社区农业组织体系。不同单元间以定期组织交流与交换活动、合办社区活动进行联系。在技术层面，农园委员会与高校或者研究机构合作寻求技术指导。通过与餐饮行业、信托机构、基金等合作获得运行资金。

3.5.2 城市农场的推广

创造市民与合作型社区农业的接触机会。虽然只有具有经济条件和时间保证的人才能参与合作型社区农业，但是可以让所有市民都有机会接触到社区农业甚至享用城市农场的产物。国外社区的公共厨房会定期用社区农园的食品举行聚餐、向参观者赠送自己种植的蔬菜，一些慈善厨房会使用社区农园的产品为贫困者提供免费的食物。而某些教育中心、园艺中心和展览等会展示社区农业的相关知识，以提高市民的园艺技术和烹饪艺术。还有一些城市农园以特定群体为参与对象，如为儿童开办的教育农园和以老人为服务对象的银发族农园。作为一种减少种植时间的参与方式，社区支持农业对忙碌人群也是一种选择。社区农业与市民的联系性是自下而上的社区农业所必需的，同时公众的影响力也是社区城市农业长久性的保障。

在社区的推广中，需要注意的是控制社区农业产物的流通性。发达国家社区农业食品通常是自己食用或者是赠送给邻居、亲友，而欠发达国家的社区农业大部分用于售卖以补贴家用，其他的为家庭使用。城市社区农业种植的食物如果商业性太强，会使社区农业扩大，超出其所需的规模，甚至使社区农业的种植产生垄断性并与社区居民脱离。

第4章　我国城市农场的发展实践

4.1　我国城市农场的发展

城市是由乡村发展而来。长达数千年的封建王朝制度，使得中国古代城市无法完全脱离农业而独立存在。尤其是当你翻阅无数典籍，会发现农业与城市的这种共生关系清晰可见。远到禹贡春秋，近到中华人民共和国成立前期，农业在城市中的种种迹象随处可见，各种城市农场供养着城市。

4.1.1　古代城市农场与城市的水乳交融

中华文明始于农业文明，而农业文明能够持续数千年而不衰，反映其文明是一种人与自然和谐相处的文明。在城市未经工业洗礼之前，古代城市与农业之间水乳交融的关系非今人所能想象。农业在古代城市中的存在及发展是与城市发展完全适应的。皇室贵族的府邸、城市周边园林以及居民庭院中的农业空间都属于城市农场的范畴。在古代的城市中，经营城市农场的人不只是平民百姓，社会各阶层对农业都持一种支持与向往的态度。上到九五至尊的帝王，下到布衣平民，都参与到农业生产的队伍中，经营着各种各样的城市农场。正因为有这样巨大的社会力量，城市与农业在历史千年的变幻中始终保持着一种隔而不断、疏而不离的紧密联系，城市农园一直得以存在。

在中国长达2 000多年的封建社会发展中，人们始终将农业发展作为国家头等大事，农业一直对巩固国家政权以及维系社会稳定起着关键作用。历朝历代的最高统治者都视农业为立国之本。为鼓励农业生产，天子每年都会行籍田礼，做一次象征性的劳动，以身作则。历朝历代帝王将相对山林野趣的爱好发展了古代园林，而我国古代园林的发展，也为城市农业提供了最好的场地，花园与农田之间并没有清晰的界限，园林的发展与农园始终相依相存。皇家园囿作为当权者宣传农业劳作的重要手段之一，成为皇宫重要的食物原料基地，还具有观赏游览的作用。历代君权制度向农业的倾斜影响着当时社会各界人士的认知，从南北朝到唐朝、宋朝的别业、别墅再到明清时期的私人园林，无一不弥漫着农业的气息。因为对世外桃源生活与田园乐趣的向往，权贵人士经常在靠近自己王侯府宅的地方或城市周围开辟圃园，更有许多达官贵族、士人将圃园种菜当成乐趣，更把“采菊东篱下，悠然见南山”当成一种时尚。当时平民自给自足的蔬菜圃园更是随处可见。

多数学者认为，城市确实是由乡村发展而来。在城市尚未发达时，城市具有同农村相似的生活及生产方式，农业在城市中的存在理所当然。纵观历朝历代，皇家园囿一直是城市中最大的农业聚集地，都是围绕城市或以嵌入宫城的方式来分布的。先秦时期，城市居民就利用园囿进行韭菜等蔬菜生产。此时的囿中有专门种植蔬菜和果园的土地，还都是有墙围合的园地。“囿”多是作为饲养禽兽的场所，“禽”供食用，“兽”多为牛马供军用，后改称苑。历史上关于宫苑、园苑、禁苑等有关皇家御用的专属园地的记载屡见不鲜。园囿既是皇家的游憩场所，同时又是重要的食物原料供应地，能最大限度保证供应皇家蔬菜瓜果的新鲜度。魏晋南北朝时期的皇家苑囿更多的是对前朝园囿的继承，多是具有生产功能的大型园囿，栽种着葡萄及其他果树。隋唐的园囿较前朝又有很大发展，园囿内有樱桃园，又有葡萄园，还有梨园。宋代的园囿除了种植蔬菜瓜果，还有稻麦的种植。在一些城市中，重要的街道绿化是由成行的果树来实现的。农业在城市中所独具的美化作用一览无余。到了南宋时期，杭州城园苑的种类较北宋时期有增无减，专门用于观赏的园林也有了长足的发展。元代较有代表性的进行农业生产的园苑是元大都的御苑，苑内种植谷、粟、麻、豆、瓜、果、蔬菜。明代西苑在北京城区，已经运用温室来种植瓜果蔬菜。清朝时期的丰泽园是著名的种植稻田的苑园，康熙皇帝在丰泽园中发现并培育了一个水稻良种——御稻米。

各朝各代一直提倡重农的国家政策，加之某些农作物的生产属性与观赏作用并重，以及皇室的大兴园林，促进了官士贵族开辟农园的积极性。居住于城市的官宦人家，喜欢在城郊另觅土地，构筑园馆别业，或在城内住家空地，构筑园林。他们为了自家能够食用新鲜的蔬菜，或者是有着怡然自得的心态，都经营着属于自己的一片农园。贵族或是官位较高的人拥有集观赏价值与食物生产于一体的规模较大的农园（私家园林）。多数士大夫贵族本着对世外桃源生活的向往，平日大都喜欢躬耕，享受辟园之趣，一来可以尝果蔬之鲜美，二来可以修身养性。这些园田的空间分布也就基本定格在士大夫的府宅庭院内或是府宅附近的独立园田。

纵观历史上的各个时期，古代城市中平民的圃园劳作大都是与自己日常生活同步的。城市农业的空间分布与平民的居住空间密切相关，大致可分为两类，一类是近郭居民经营的近郭园圃，另一类是平民住宅与园囿合一的宅园模式。城市农园不仅给平民提供食物补给，还在一定程度上起到了稳定社会的作用。

根据资料分析，中国古代城市农场形态模式基本可以归结为近居生产模式，即城市农场靠近居住地模式。主要分为两类，一是城市农场与城市园林的渗透模式，另一类是城市农场与家庭庭院结合模式。城市农场以其生产兼具景观特色的特性被古人加以利用，以自然的、生态的面貌融入园林、融入庭院，这种交织、渗透的生产景观持续了数千年，是对城市农业经济、环境价值的最好印证。

4.1.2　当代我国城市农场的发展现状

城市的可持续发展关乎全人类的居住环境与生活状况。城市农场将成为城市可持续发展的生命载体，注入当今的城市。只有将城市农场合理、高效地纳入城市空间，才能从真正意义上营造绿色、生态的人居环境，创建和谐社会。

在国内，城市农场的发展还处于起步阶段，通过新闻、报纸等媒体报道和刊登的一些线索，结合一系列调研活动，城市农场的形式按其操作人群大致可以分为草根城市农场和官方支持的城市农场两类。草根城市农场就是群众在城市中自发进行的市民农园活动，这类城市农场通常出现在居住区绿地、屋顶、阳台等场所，如市民在绿化区自发种植的蔬菜园、阳台小菜园、屋顶小菜园等都可以认为是草根城市农场。官方支持的城市农场则包括城市周边的高科技现代农业园以及在城市内部和近郊开发的以观光、科普、教育为主的大型综合公园或植物园等农业园区，如地处北京海淀区四季青镇的“一河十园”，就是由北京市海淀区政府支持的科技农业示范园。再如深圳的光明农场、西丽果园和太空作物园，都是集观光、科普于一身的大型城市农园。除了政府支持的农业园区以外，还有一类是学校支持的城市农场，就是在学校园区内建设的用于学生学习、农业实践活动的校园农场，如北京林业大学由翱翔社发起的校园农场，沈阳建筑大学开辟的景观稻田等，都属于学校支持的微型城市农场。

从城市农场发生的空间来进行划分，城市农场可以分为两种，即社区农园和郊区农园。在城市居住区、学校、工厂、公园、广场或者其他形式的社区中的一切农场都可以归为社区农园。而此类城市农场具备的特点是，规模一般都是小型的或者是微型的，空间布局对于城市总体布局而言，较为分散，并且没有相应的专业规划理论来进行指导。郊区农场具备的特点是，规模较大、分布较为集中、有相应的规划理论和科学技术作为指导并由官方给予支持。

无论是哪种形式，农场都凭借着其景观特性和生产特性纳入了快速发展的城市，并被人们称道叫好。市民自发在住区绿地上或是自家阳台种植蔬菜、粮食、瓜果的消息屡见报端，并有生态采摘、开心农场、市民农园走进人们的现代生活。近几年，甚至有人将菜园开垦到城市的街道，用蔬菜做街道绿化。城市农场的生产、生活、生态功能在市民手中得到充分发挥。城市农场能够让部分市民吃上放心菜，同时达到调节居民心态的社会作用。可见时代在变，社会在变，人们的生活方式随着城市农场的繁荣发展也在变。

由于蔬果品种开发、栽培设施配套、栽培技术指导后续服务、政府政策等的不完善，现在城市农场相关的产业系统性研究在国内还是空白，城市农场的全国性发展、单体技术、企业的产业标准和品牌建设也正处在起步阶段。在寸土寸金的城市空间，城市居民们还是很难拥有一块自由种植的菜地，有的人甚至开垦小区的绿化用地，破坏小区的景观；还有的利用公共面积，致使邻里关系紧张；更有甚者，使用所谓的“农家肥”，产生异味，对环境造成污染。因此对城市农场集成开发研究及示范推广也就变得非常重要。

4.2　北京城市农场的发展

4.2.1　北京城市农场的发展现状

北京城市农场的发展在全国处于相对领先的地位，也是国内开展相关研究较早的城市之一。北京城市农场的发展，是在确保农业食品保障、生态保障基本功能的基础上，充分利用北京特色资源优势和特点，结合文化、休闲、旅游、科技等环境优势，发展高科技农业、休闲农业、创意农业等为主的特色城市农场。

早在2005年，北京市就为发展都市型现代农业的产业布局画了“五个圈”，逐步形成以城区为中心向四周拓展的5个圈层。第一圈层是城区服务展示农业。即五环内的中心区域，区域内主要进行瓜、菜、果等食用性农产品的生产，严格禁止养殖业，鼓励花卉、草地等种植业，重点发展农产品展示交易等景观农业和会展农业。第二圈层是近郊田园景观农业。主要在五环到六环之间，区域内鼓励种植有较高生态环境价值的大田作物、花卉、种苗等，减少塑料大棚、日光温室以及高耗水肥的瓜、菜种植，重点发展露地绿化农业、休闲农业、园区农业和科普农业等。第三圈层是远郊优质高效农业。主要是六环路以外远郊平原和延庆盆地，区域内将重点发展设施农业、规模化优质安全种养业及农产品加工业，适当发展观光农业，适度推进循环农业和生态畜禽养殖业。第四圈层是山区生态休闲农业。主要是北部、西部和西南部山区，区域内将发展特殊农业、生态农业和休闲农业等，合理布局蔬菜、杂粮、果品、中药材、畜禽、水产等特色优势产业。第五圈层是环京辐射合作农业。即北京外围的外埠农业地区，借助当地的自然资源和人力资源，发展合作农业、订单农业、外向农业和服务农业。

在北京四环之内有两个规模较大的城市农场，就是中国农业科学院试验农场与北京市农林科学院试验农场。这两块农场都以小麦、玉米种植为主。每年临近芒种，中国农业科学院试验田的麦子就成熟了，一大片黄澄澄的麦田隐藏在繁华都市间，成了北京城别样的风景。从这两块试验田中培育出的冬小麦良种，累计在全国推广面积都超过亿亩，许多品种目前仍是小麦、玉米主产区的当家品种，给农业经济带来的收益价值以百亿元计。西四环外，北京市海淀区政府提出，在四季青镇沿旱河打造一条长约6.6千米，面积为3 000余亩的集采摘、休闲、娱乐、科普为一体的“一河十园”都市农业观光产业带。“十园”即10个城市观光采摘农园，分布在旱河路沿线，交通便利快捷，园内空气清新爽洁、环境优美闲适，园区中更是开辟出了土地供市民认养，周到的服务使前来认养土地的人络绎不绝。

目前，北京市政府支持的城市农场有屋顶农园类的项目。2004年8月20日，时任市委书记刘淇对北京市园林绿化局提交的《北京城市屋顶绿化情况汇报》材料作出“可择点试行”的重要批示。为落实领导批示，同时配合北京市控制大气污染措施的要求，市园林局、市环保局、市财政局主管领导和专家召开会议商讨屋顶绿化工作，确定屋顶绿化工作的实施重点和方向。2005—2009年，市政府出资支持屋顶绿化，计划完成56万平方米。加之社会单位自发进行的屋顶绿化，总计超过120余万平方米。2015年，全市享受政府财政补助的屋顶绿化总量为1 492 116.34平方米（其中花园式191处、545 868.84平方米，简式395处、946 247.5平方米），加上社会单位投资建设的屋顶绿化项目，全市屋顶绿化建造面积累计达到200余万平方米。

在北京，部分市民自发性利用空闲土地种菜栽花，也有社区推广景观种植或阳台种菜。同时，由企业、事业单位和学校自己投资建设的城市农场也发展迅速。北京CBD首个空中菜园项目——万通中心“一米空中菜园”众筹项目于2014年实施，北京万通立体城市农业团队在位于国贸CBD区域，利用室外天台的公共绿地空间打造屋顶农场，在城市中心建设试验田。希望试验出一种可供推广及复制的、可让收支达到平衡甚至略有盈余的城市农场模式。此外，北京林业大学的翱翔社近些年一直开展校园农耕活动，在校园内开辟农事体验园，吸引大批学生参与其中。北京四中房山分校，在教学楼天台建起了有机农场，不仅让师生有机会学习耕种，还对这片土地曾作为农田的过去留存敬意。《舌尖上的中国》第一季中报道的北京市民张贵春，在位于北京前门大街南边的西草市街80号自家屋顶上建起了屋顶菜园，100平方米左右的屋顶菜园种有21种不同的蔬菜，既能给自己的生活增加乐趣，又能让街坊邻居有休闲的空间。

4.2.2 北京发展城市农场的可行性分析

4.2.2.1 北京市民有发展城市农场的精神需求

在现代的城市规划中，人们往往注重城市公共空间序列的体验，却忽视了体验中最根本的环节——和谐人居的真正要因，即人与人之间的互动。互动可以是眼神上的交流，也可以是语言上的交谈，还可以是人与人之间的互帮互助。街道或是街区应该是安全的，这一观点在雅各布斯《大城市的生与死》一书中多次提及。反过来思考，什么样的街区或是街道可以创造安全的场所，正是我们需要解决的城市问题。在当今社会，冷漠绝不是一个新名词。人类从原始社会在平地搭建草棚和氏族集体打猎的群居模式，逐渐发展为以户为单位，在坚固的房屋中生活，直至现代在城市高密度的混凝土建筑中生活的过程，也是人类逐渐从群体走向个体，从熟悉走向陌生的过程。人居环境的品质在社会的快速发展下逐渐下降。无论是在社区，还是街道，传统的邻里关系亟待修复。

城市农场恰恰能够成为解决这一问题的关键因素。传统的生活方式能够启发我们，人们会在农园劳作的时候相互交流来促进邻里之间彼此的了解。于是，在社区拥有一片专属的菜地就是建立良好邻里关系的开始。城市农场自身的生产特性可以引领人们寻找共同的社交场所，从而放缓社会节奏，重建邻里关系，使人们快乐生活，得到情感上的提升和精神上的充实。城市农场的植入为社区成员提供了互动空间，同时人们可以收获丰硕的果实，并用以补给生活。由于人与人的互动建立起来，人们相互熟知，那么社区的安全必然得到加强，犯罪事件必然得到遏制，居住空间环境质量自然也就得到改良。

4.2.2.2　城市农场位于城市内部，位置优势会深受市民喜爱

北京市的大型城市农场在城郊，最近也要两个小时车程，市民体验亲近农业，需驱车前往，一些人会因时间成本而放弃，导致城郊农业观光园工作日时间空置。在城市内部建立小型的城市农场，如庭院蔬果园、屋顶菜园、阳台菜园以及利用废弃厂房建起的综合农场等，可供周边家庭、社区的日常生活需要和工作之余的农耕体验，会深受市民喜欢。市民通过亲身体验种植蔬菜、花草以及养殖小动物，懂得劳作的真意，了解到更多的种植文化，有利于缓解城乡矛盾，促进城乡和谐一体化发展。

4.2.2.3　北京市发展城市农场的空间众多

城市除了居住、运输和生产空间外的所有空间都可以用于农业生产。北京市有2亿平方米屋顶面积，但全市屋顶绿化建造面积累计为200余万平方米，仅占到全市屋顶总面积的1%。如果能够推行法规，把屋顶绿化与屋顶农场建设相结合，同时落实专项建设资金，稳定资金渠道，那么光是北京市的屋顶农场一项就大有潜力可挖。除此之外，因环境保护需要，北京市的大量工厂搬迁，废弃厂房空间丰富，其中一部分能够用于发展城市农场。另外，城市公园、绿地都可以适当引入农作物种植。通过发展城市农场，把北京建设成为人与自然和谐相处的乐园。

4.2.2.4 北京市农业科研实力强，可以提供强有力的技术支持

北京市是全国农业科研院所最多的城市，聚集全国顶尖的农业科研机构和科研人才。北京市政府对于农业高新技术高度重视，使得农业高新技术及其产业化在北京地区发展迅速。城市农场所需的农业和资源技术，包括农业种植和环境控制技术、有机废弃物处理技术、可再生资源技术和雨水收集技术等，均有较成熟的研究与示范，但城市农场整套技术缺乏整合集成，特别是高科技植物工厂，要涉及高额的投资、复杂的科研协作——肥料技术、昂贵的照明、温度和湿度的监控传感器系统等，需要专门立项研究。一旦政府支持城市农场技术研发，北京市的科研机构就能够为各种城市农场提供强有力的技术支持。

4.2.2.5 北京市发展城市农场，有充足的人力资源

北京市统计局、国家统计局北京调查总队统计数据显示，2015年末，北京常住人口为2 170.5万人，主城区人口密度为9 370人/平方千米。如此多的人口为城市农场的发展提供了充足的劳动力。尤其是北京市65岁以上的老年人口为222.8万人，占总人口的10.3%。这些老年人大多来自农村，或有下乡经历，对农业有特殊情感，如果对这些人加以技术培训，会成为发展城市农场的中坚力量。

4.2.3 北京城市农场的主要模式

4.2.3.1 科研试验类城市农场模式

此类城市农场为北京农业科研机构和高科技农业企业建设，用以进行现代农业试验示范。最大的两个城市农场是中国农业科学院

试验农场与北京市农林科学院试验农场，主要是试验优质小麦与玉米品种。目前，北京最先进的城市农场为植物工厂，中国农业科学院与中国科学院均建有植物工厂（图4-1）。一些学者也在研究试验垂直农场，建造一座由不同楼层田地和果园组成的玻璃摩天楼，在内部营造植物种植最适宜的环境，气温、湿度、气流、日照和养分等因素都会被控制。人类所需要的食物在人为控制的环境中成长，但目前北京还没有建成的垂直农场。

图4-1　中国农业科学院的植物工厂

还有一种是由废弃建筑和屋顶空间改造成的城市农场，能够通过控制环境、利用土地培育各种各样的季节性庄稼，也可以在不使用土壤的情况下，通过水培技术种植蔬果等作物。但此类高科技室内农场投资巨大，但收益缓慢，整套技术并不成熟，国外也处于试验阶段。

4.2.3.2 城市休闲观光农场模式

以展示种植业的栽培技术或园艺、农产品及其生产过程等为主，建立集高科技蔬菜生产、农业生产教育实践、休闲观赏于一体的观光农园、教育农园、农业公园、市民农园或租赁农园等，如朝阳区来广营乡的朝来农艺园，是由朝阳区政府和来广营乡政府投资建设的，园内有国际一流、科技领先的4公顷大型连栋智能温室，实现全自动化生产，是国际大型园艺设施的代表。

还有位于城市内部，为实现城市绿化生态景观效果而建设的生态采摘园、主题花园等。园内设有采摘区、土地认养区、展览销售区、餐饮娱乐区等功能区。园内已实现“月月可采摘，日日可休闲”，为市民体验田园风光和休闲农业带来了便利。例如，海淀区四季青镇旱河沿线的“一河十园”生态采摘带（图4-2），朝阳区金盏乡以薰衣草为主的蓝调庄园、郁金香为主的郁金香花园等。

图4-2 “一河十园”生态园区景观

4.2.3.3 城市屋顶农场模式

在北京城市住宅小区、公共建筑、写字楼等的屋顶，用以种植农作物的屋顶农场已经为多数市民所接受。屋顶农场的设计要充分考虑解决屋顶的承重、防渗漏、植物根系破坏屋顶等问题。同时今后应组建屋顶农场推广研发公司，对屋顶农场进行统一技术管理，公司的技术人员从种植品种、种植技术、环境控制、生产管理等方面进行一条龙服务，即保障屋顶的绿化和美观性，又能提供新鲜蔬菜，为居民、公司员工提供体验农业的好场所。

全市的小学、中学和大学，都可以成立城市农场兴趣小组，开设屋顶农场，与自然科学相结合，学生通过亲手栽培植物果蔬，提升其动手操作能力。通过学习、了解植物的生长习性，培养其对农业的兴趣爱好（图4-3）。

图4-3 西城区史家胡同小学屋顶农园

4.2.3.4 家庭微农场模式

随着城市居民生活节奏的加快，人们本能对自然、休闲的生活有一种向往。由于有限的土地资源和距离等原因，不可能让每个居民都拥有自己的耕地。市民利用自家住宅的阳台、屋顶发展微型农场，这就需要有专门的公司为住户提供无土栽培设备、智能控制设备、优良种苗等系列化产品，打造集休闲、体验、观光、采摘、绿色以及低碳环保为一体的家庭微农场种植方案。满足人们的愿望，并直接为住户提供食物来源。家庭微农场是人们休闲与调节心情及寻找回归自然之感的好空间，更是城市菜篮子的重要项目，是真正生产无公害蔬菜的一个微型基地（图4-4）。

图4-4 家庭屋顶菜园

4.2.3.5 城市生态餐厅模式

“菜园理念”的城市生态餐厅近年来开始兴起，也是一种城市农场模式。城市生态餐厅综合运用建筑学、园林学、设施园艺学、生态学等相关学科知识进行规划、设计和建设，以设施调控技术、农艺栽培技术来维护餐厅的优美环境，形成以绿色景观植物为主，蔬、果、花、草、药、菌为辅的植物配置格局，为就餐者提供绿色、优美、舒适、悠闲、宜人的就餐环境，安全、可口的绿色食品，采用节能、节水，残渣、废弃物循环再利用环保措施的可持续运作模式，将现代设施农业和绿色餐饮完美结合，应该是重点发展的一种模式（图4-5）。

图4-5 城市生态餐厅

第5章　城市农场的发展趋势与对策

5.1　城市农场的发展趋势分析

现代城市农场作为实现城市居民可持续生存及社会经济发展进步的手段而被国际社会广泛接受。许多发展中国家低收入城市家庭在城市农场，获得了稳定的食物来源及更好的营养食品，并可以换取现金从而购买其他生活用品。现在的政府越来越认识到城市农场的作用，并且城市农场从业人员更容易被纳入规划和决策，将从业者列入城市管理的一部分，这是防止城市农场产生不良影响的重要手段，这些从业人员也将在农业景观、农园内服务及农业知识传播上发挥重要作用。

城市农场是一种有别于传统农业的新型农业生产模式，未来的城市农场的显著特征是技术的高度密集和现代科技成果的综合应用。因此，新技术的不断嫁接和应用是其发展的内在动力。未来的城市农场是科技集成创新的产物，必将会引领未来农业的发展。

5.1.1　技术发展趋势

近年来，随着节能与新能源利用、蔬菜品质调控、新型传感器与智能控制以及物联网等新技术在城市农场的广泛应用，未来城市农场正在向节能、高效和智能化方向拓展。其主要技术发展趋势如下。

5.1.1.1　LED节能光源及其调控技术

照明是城市农场（主要是植物工厂与生产性建筑）能耗的重要组成部分，统计表明，在以荧光灯为人工光源的植物工厂中，照明能耗约占系统总能耗的80%。近年来，随着LED（发光二极管）的研制成功，世界各国科学家都在尝试运用LED的单色性特征，通过不同光谱LED组合后形成特定的光源以代替荧光灯等传统光源，大大减少植物工厂的照明能耗。研究表明，在人工光植物工厂系统中，使用荧光灯每平方米需要配备0.5千瓦的光源，而采用LED仅需要配置0.27千瓦就能满足要求，因此可以节省50%左右的能源。然而，LED光源目前在植物工厂的普及应用还存在不少“瓶颈”。首先是LED的单色性与植物光合作用需求的光谱匹配问题，植物光合作用在可见光光谱（380～760纳米）范围内，所吸收的光能主要以波长610～720纳米（波峰为660纳米）的红、橙光以及波长400～510纳米（波峰为450纳米）的蓝、紫光为吸收峰值区域。选用红、蓝光LED组合形成的光源进行植物生产已经成为植物工厂光源发展的重要方向。但单色光组合与植物广域的光谱需求仍有不少差距，适宜于植物生长需求的LED组合光源的研究仍有待深入；其次是LED的价格问题，近年来，随着半导体技术的不断发展，LED成本已经得到大幅度降低，但与实际生产能承受的价格仍有一定的距离，世界各国学者都在不断探寻，希望能开发出一些经济、实用的LED光源及其配套装置，为城市农场的普及推广作出积极贡献。

5.1.1.2 新能源的开发利用

能耗一直是现代城市农场（特别是植物工厂）运行成本的重要组成部分，世界各国学者都在探索植物工厂的节能措施和新型清洁能源的利用技术，除选用新型节能光源LED替代传统的高压钠和荧光灯外，还在积极探索新型清洁能源的应用，如太阳能、风能、生物质能等，日本三菱化学公司2009年以来利用太阳能光伏发电与LED结合，在其人工光植物工厂中安装了18千瓦的太阳能光伏发电装置用于系统运行，以减少对外部能源的依赖；同时，一些植物工厂还采用热泵与空调系统结合来解决环境控制的能耗问题等，显著降低了系统的能耗。

5.1.1.3 全程智能化调节与控制技术

未来，会全面采用计算机系统对植物工厂的温度、湿度、光照、CO_2浓度等环境因子以及营养液温度、溶氧、pH值和EC值等进行自动检测。同时，利用作物发育模型对各类蔬菜不同生育阶段的环境因子和营养需求，开发出相应的控制软件，实现对系统的智能化调节与控制，从而保证城市农场（植物工厂）的作物始终处于最佳的生长状态。目前，植物工厂智能调控重点关注的研究方向包括作物生理信息监控的传感器技术、图像处理和通信技术、多变量协同最优控制、基于运行参数的自适应控制、基于具有自学习能力和推理机制的人工神经网络、遗传算法、模糊控制策略等。

5.1.1.4 物联网技术的应用

物联网技术在城市农场的应用近年来已经成为研究的热点，具体发展方向包括通过射频识别（RFD）、二维码、传感器等感知、捕获、测量技术实现对城市农场系统进行实时信息收集和获取；然后将获取的信息接入网络系统，再借助各种通信网络（如因特网等），可靠地进行信息实时通信和共享；最后通过各种智能计算技术，对获取的数据信息进行分析和处理，实现对城市农场的智能化决策和远程监控。物联网技术通过信息传感、视频监控装置以及网络传输系统，使城市农场与互联网连接实时进行信息交换、通信、智能化监控、调节与控制，同时还可利用手机、笔记本电脑、PDA等终端，实现在任何地点了解农作物长势和相关信息，进行在线调节与控制和远程监控。

5.1.2　未来热点领域

5.1.2.1　无处不在的植物工厂

近年来，随着植物工厂的广泛应用，国际上提出了一种叫“Ubiquitous plant factory”的概念，即植物工厂可以实现“无处不在”。植物工厂既可以应用于生产领域，进行高品质蔬菜的规模化生产，同时还可以应用于日常生活的各个领域，如大型商场、超市、学校、医院、车站、办公楼宇、家庭、餐厅、会议中心等非生产性场所（图5-1）。一方面可充分利用这些空间进行植物生产，另一方面绿色植物还可以显著改善这些场所的生态环境，调节人们的身心，一举数得。

图5-1 家庭植物工厂

5.1.2.2 垂直农场

垂直农场（Vertical farming），也称摩天大楼农业、大厦农业或垂直农业，是一种通过在人工修筑的多层建筑里模拟农业生物的生长环境进行动植物周年连续生产，并显著提升土地利用率的高效农业系统。垂直农场就像我们居住的房屋从平房向高楼进化一样，农业生产也从露地向多层立体空间发展，单位面积土地的利用效率可达露地生产的数百倍甚至上千倍。垂直农场是在植物工厂基础上发展起来的一种生产模式，是植物工厂向空间进一步拓展，从工程角度解决资源难题的有效手段。

垂直农场的概念最早由美国哥伦比亚大学迪克森·德斯波米尔教授提出，随后得到世界各国学者的响应，目前已有20多个国家的相关学者提出了30多种垂直农场的设计方案。迪克森·德斯波米尔与设计师克里斯·雅克布斯共同设计完成的早期垂直农场方案（图5-2），在塔形建筑物顶部，有一个巨大的太阳能电池板，可以随着太阳位移而转动。窗户也很特别，具有防污染功能，不易凝结水珠，可以使室内的植物得到更多的阳光照射；利用收集的雨水及城市污水净化后的水源进行灌溉，减少水资源浪费；同时，运用太阳能以及焚化植物废弃物产生的电力供应农场运行；楼下的杂货铺和餐馆可直接向大众提供新鲜食物。

比利时建筑设计师文森特·卡尔博特根据蜻蜓的双翼设计了一种垂直农场（图5-3）。在这栋132层的巨型建筑中，包括了28个不同的农业生产领域，可以进行水果、蔬菜、肉类、牛奶和鱼类等各种农副产品的生产。同时，在这个农场中还包含有多个试验区、办公区和居住区等生活空间。垂直农场的不足之处主要是造价高昂。据测算，建造一座可供养5.5万城市居民一年的粮食、蔬菜需求的垂直农场大概需要2亿美元。随着农业用地越来越少，垂直农场已经受到日本、欧美等发达国家的关注。另外，如果计算农场本身在节能减排方面可能带来的长期收益，该成本实际可大为降低。

图5-2　德斯波米尔垂直农场

图5-3　蜻蜓垂直农场

城市农场在未来发展中仍面临初期建设成本过高的问题，需要建设外围护结构、空调系统、人工光源装置、栽培系统、营养循环控制系统以及计算机调节与控制系统在内的相关工程与配套设施。同时，城市农场能耗较大，选用节能光源，探索使用清洁能源已经成为目前研究的热点。而且城市农场的农产品品质和口感与土壤栽培有差距，如何获得较高的经济效益，都是未来亟须解决的问题。可是它的生态和经济优势以及发展的研究，对于社会发展是非常有吸引力并且存在较高的价值。

5.1.3 未来展望

未来农业发展将会长期受到人口不断增长、食物需求上升、耕地减少、淡水资源紧张、自然灾害频发以及沙漠化等诸多因素困扰，如何利用有限的资源，满足日益增长的社会需求，是摆在人类面前的挑战。“资源替代战略”是解决挑战的重要手段之一，城市农场通过现代工程技术手段，创建或优化农业生产中的环境要素，达到提高不可再生资源的利用率，实现资源高效利用的现代农业生产模式。城市农场是“资源替代战略”的重要实现形式，能显著提高单位资源的利用效率，必将对解决人类食物保障问题发挥重要作用。

城市农场的显著特征是不依赖于土壤，因此，只要有一定的工程投入，就可以实现在城郊荒地、建筑物屋顶、地下室、水上、沙漠、戈壁等非耕地上进行植物生产，让不毛之地成为食物的重要基地；同时，城市农场还可以实现“无所不在”，任何空间都可以成为植物生产的场所，这样可以大大增加农用土地的面积，为社会提供更多的就业和食物生产途径。

5.2　城市农场的发展对策研究

城市农场作为一项新兴产业，在我国还处在萌芽期。城市农场发展案例不多，市民对其知晓率不高；缺乏专门从事城市农场建设的公司来推介并提供相关技术服务；对发展城市农场，政府缺少规划和相关政策措施的支持。因此，我国发展城市农场需要采取以下措施。

5.2.1　加强对城市农场的宣传推广

充分利用各种宣传媒体，通过网络、报纸、广播、电视等多种媒体宣传报道城市农场，通过高强度、广覆盖、大容量、有新意的整体宣传和舆论造势，将城市农场的理念和种植技术向市民推广。采取不同的宣传形式，选择不同的载体，增强宣传效果。特别注重通过城市农场把农业元素带进学校，通过在学校开辟城市农场体验区，让城市的孩子在增长农业知识的同时体验农事乐趣，从小培养城市居民的农业种植兴趣。

5.2.2　政府制定政策鼓励城市农场的发展

政府应制定相关政策，科技、财政、税务等政府职能部门要在推动研究、优先立项、税收优惠和资金支持等方面加大助推力度，扶持城市农场产业化发展。

（1）制定城市农场建设标准，对于符合标准的各类城市农场给予直接财政激励。如每平方米补贴100元或材料和施工费的10%～20%。

（2）从生态补偿和环境保护方面，给予间接财政激励。

（3）将城市农场纳入城市发展规划的调整。在新发展区域将其强制性纳入城市发展规划，设立城市农场项目。刺激建筑商和业主选择城市农场。

（4）对于城市农场方面的技术研发，予以优先立项。对于从事城市农场推广研发的企业，给予奖励，减免税收。

（5）城市农场存在最多的是权属和管理方式的问题，在用地权和管理权方面应采取灵活、多元化的方式来对待。在管理权方面，建筑主体可以自行管理，也可以委托专业管理机构进行管理，所有权则根据投资主体归属政府或租赁者。公共建筑最好由政府投资和管理，而社区和社区建筑则由开发商和业主商讨明确所有权和使用权，此时就需要有相关政策作保障，由开发商统一建设和管理，租赁给居民，从而避免权属的争议，同时还能提升建筑的附加值。总之，城市农场不论归属权与管理权归谁，最终都应该建立起有效的运营模式，使其良性发展和健康运营，让城市和居民都受益。

5.2.3　推进城市农场产业化发展

借鉴国内、国外的经验，以市场为导向，以项目为载体，整合科技、人才、信息、市场和资本方面的优势资源，深度开发城市农场产品，满足个性化需求。为城市农场提供专业种苗、安全健康的土壤、无臭味有机肥料、全自动的滴灌设备等方面的技术保障，并给有意从事城市农场的市民提供技术培训。积极培育专门从事城市农场的园艺公司，把研发的成果及时实现产品化、市场化，把城市农场的发展规范化、系统化、市场化，发展有特色的城市农场。

参考文献

[法]多米尼克·高辛·米勒，2008. 可持续发展的建筑和城市化——概念·技术·实例[M]. 邹红燕，邢晓春，译. 北京：中国建筑工业出版社.

[法]柯布西耶，2009. 明日之城市[M]. 李浩，译. 北京：中国建筑工业出版社.

[英]埃比尼泽·霍华德，2006. 明日的田园城市[M]. 金经元，译. 北京：商务印书馆.

蔡建明，罗彬怡，2004. 从国际趋势看将都市农业纳入到城市规划中来[J]. 城市规划（9）：22-25.

陈旭铭，2013. 垂直农业在城市发展所面临的问题与策略研究[J]. 生态经济（3）：136-139.

陈智远，石东伟，王恩学，等，2010. 农业废弃物资源化利用技术的应用进展[J]. 中国人口资源与环境，20（12）：112-116.

高楠，2012. 从“空中花园”到“空中菜园”的新型城市屋顶绿化设计研究[D]. 上海：上海交通大学.

何芬，马承伟，2007. 中国设施农业发展现状与对策分析[[J]. 农业工程科学，2（3）：462-465.

康胜乐，2010. 蔬菜无土栽培中基质的筛选及效应[D]. 保定：河北农业大学.

李伯钧，刘小丽，杨佩贞，等，2012. 屋顶农业利用与城市新菜篮子工程探讨[J]. 浙江农业科学（5）：643-648.

李连龙，韩丽莉，单进，2007. 屋顶绿化在城市节能减排中的作用及实施对策[A]//北京市“建设节约型园林绿化”论文集[C]. 北京市建设节约型园林绿化研讨会.

李全林，2008. 新能源与可再生能源[M]. 南京：东南大学出版社.

林国雄，2010. 生产性景观在城市公共空间中的应用[J]. 景观设计学（1）：62-66.

刘津含，2015. 城市立体农场设计与应用研究[D]. 北京：北方工业大学.

刘娟娟，李保峰，宁云飞，等，2012. 食物都市主义的概念、理论基础及策略体系[J]. 规划师（3）：91-95.

刘文平，佟瞳，张茜，等，2011. 北京市城市农业发展前景研究[J]. 中国农学通报，27（4）：285-289.
刘烨，2010. 垂直农业初探[D]. 天津：天津大学.
卢凌霄，李太平，吴丽芬，2012. 环境保护视角下的食物里程研究[J]. 中国人口·资源与环境，22（3）：150-156.
牛晓菲，2011. 社区农业与生态住区建设[D]. 天津：天津大学.
齐玉芳，2012. 都市农业型社区建设——农业布局、实施方法与设计初探[D]. 天津：天津大学.
沈春林，李伶，2009. 种植屋面的设计与施工[M]. 北京：化学工业出版社.
史克信，2012. 城市农业空间形态的历史发展对当代的启示[D]. 济南：山东建筑大学.
宋金昭，杨建平，杭伟，2012. 被动式太阳能建筑节能经济优化研究[J]. 太阳能学报（8）：1 425-1 429.
孙莉，张玉坤，2012. 食物城市主义策略下的当代城市农业规划初探[J]. 国际城市规划（5）：94-102.
孙艺冰，张玉坤，2013. 国外城市与农业关系的演变及发展历程研究[J]. 城市规划学刊（3）：15-21.
孙艺冰，张玉坤，2014. 国外的都市农业发展历程研究[J]. 天津大学学报（社会科学版）（6）：527-532.
王浩，李晓颖，2011. 生态农业观光园规划[M]. 中国林业出版社（5）：12.
王敬华，贾敬敦，2013. 芝加哥都市垂直农场模式及其启示[J]. 中国农业科技导报，15（5）：75-79.
王丽蓉，2014. 整合于都市空间的农业景观发展策略研究[D]. 南京：南京林业大学.
王梦洁，胡希军，金晓玲，2010. 居住区可食用景观营造刍议[J]. 林业实用技术（4）：95-98.
王艳，许先升，2011. 城市空中农场种植设计[J]. 安徽农业科学，39（13）：7 938-7 940.
王沂，2013. “空中农园”的设计和应用模式研究[D]. 南京：南京林业大学.
吴永常，胡志全，2010. 低碳村镇：低碳经济中的新概念[J]. 中国人口资源与环境，20（12）：52-55.
谢建，黄岳海，2010. 太阳能温室与设施技术[M]. 北京：化学工业出版社.
徐晓燕，2011. 社区与城市——城市社区支持功能的空间组织模式研究[M]. 北京：中国建筑工业出版社.
徐娅琼，2011. 农业与城市空间整合模式研究[D]. 济南：山东建筑大学.
颜坤，2012. 基于生态园林城市的立体绿化研究与应用[D]. 青岛：青岛理工大学.
杨其长，张成波，2005. 植物工厂概论[M]. 北京：中国农业科学技术出版社.
杨其长，2011. 植物工厂与垂直农业及其资源替代战略构想[J]. 文明（3）：10-11.
俞孔坚，宋本明，李宏丽，2010. 低碳之家——北京褐石阳台花园设计[A]//景观设计学第九辑——生产性景观[M]. 哈尔滨：黑龙江科学技术出版社.
俞孔坚，2007. 城市里的丰产稻田——沈阳建筑大学稻田校园设计[J]. 园林（9）：18-19.
张宝鑫，2004. 城市立体绿化[M]. 北京：中国林业出版社.
张慧，2011. 公共租赁花园的发展及规划设计研究[D]. 北京：北京林业大学.
张乃明，2006. 设施农业理论与实践[M]. 北京：化学工业出版社.
张睿，吕衍航，2011. 城市中心“农业生态建筑”解读[J]. 建筑学报（6）：114-118.
张序昊，2016. 屋顶农场的技术应用及模式研究[D]. 济南：山东建筑大学.
张玉坤，孙艺冰，2011. 国外的 “都市农业”与中国城市生态节地策略[J]. 建筑学报（4）：95.
赵根，2014. 城市微农业套式农场集成开发研究[D]. 杭州：浙江大学.
赵继龙，张玉坤，2012. 城市农业规划设计的思想渊源与研究进展[J]. 城市问题（4）：83-88.
赵继龙，张玉坤，2012. 西方城市农业与城市空间的整合实验[J]. 新建筑（4）：21-31.
钟春艳，王敬华，2017. 北京城市农场发展模式与对策[J]. 农业经济（12）：6-8.
周年兴，俞孔坚，2003. 农田与城市的自然融合[J]. 规划师（3）：83-85.
周维全，1999. 中国古典园林史[M]. 北京：清华大学出版社.